培养聪明宝宝就这样简单

高润／著

中国画报出版社
CHINA PICTORIAL PUBLISHING HOUSE

图书在版编目（CIP）数据

培养聪明宝宝就这样简单/高润著. —北京：中国画报出版社，2011. 2

ISBN 978-7-5146-0027-8

Ⅰ. ①培… Ⅱ. ①高… Ⅲ. ①婴幼儿-家庭教育 Ⅳ. ①G78

中国版本图书馆 CIP 数据核字（2011）第 013554 号

培养聪明宝宝就这样简单

出 版 人：田 辉
作　　者：高 润
责任编辑：齐丽华
出版发行：中国画报出版社
（中国北京市海淀区车公庄西路 33 号，邮编：100048）
电　　话：010-88417359（总编室兼传真） 010-68469781（发行部）
010-88417417（发行部传真）
网　　址：http：//www.zghbcbs.com
电子信箱：cpph1985@126.com
经　　销：新华书店
海外总代理：中国国际图书贸易集团有限公司
印　　刷：北京嘉业印刷厂
开　　本：170mm×240mm 1/16
印　　张：15
版　　次：2011 年 4 月第 1 版 2012 年 7 月第 2 次印刷
书　　号：ISBN 978-7-5146-0027-8
定　　价：29.80 元

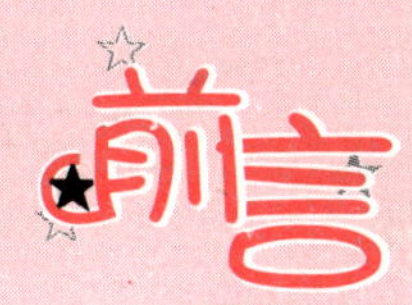

愿你的宝宝聪明起来！

每个宝宝都是父母的财富，也是父母心中的希望与寄托。

天下所有的父母都希望自己的宝宝聪明可爱，那么，孩子的智力究竟是天生的，一成不变的?还是遵循某种规律发展的呢?

许多研究机构指出：2到3岁是儿童学习口头语言的最佳年龄；4至5岁是开始学习书面语言的最佳年龄；学习外语应从10岁以前就开始；而弹钢琴、拉小提琴必须从3岁开始。如果错过了言语、听觉和运动区域的大脑神经细胞发育的关键时期，再来开发其智力就没有什么指望了。

所以，科学育儿第一步，培养聪明宝宝，先做智慧的父母。很多父母都会说：“我大概知道从哪些方面培养聪明宝宝，结果，我的孩子被我教的一点进步也没有，甚至还更加排斥我。”归根究底，是因为这些父母对孩子的天性不够了解，家庭氛围影响不够，方法不够科学，思路不够明确，导致宝宝的培养没有预期的结果。

宝宝长大了，宝宝间的差距也越来越大，每个孩子都个性十足，好妈妈要独具慧眼，认识自己的宝宝，找到最适合自己宝宝的教育方式。

那么，具体应该怎么做？本书来告诉你答案。只要方法得当，你的宝宝就能够健康、聪明地成长，那么，他的思维力一定不差，观察力一定敏锐，专注力一定强，想象力一定一流，他的记忆力超群，创造力非凡，语言表达能力强，音乐、绘画艺术感知力一样不落下！

让你的宝宝聪明起来吧！

孩子就是孩子，要玩着教育

教育宝宝的老思想，下岗！

目录

聪明宝宝成长环境什么样

接纳孩子，发现他的闪光点

目录

天才的家教智慧，你懂吗?

目录

聪明宝宝技能训练游乐场

常见教育问题大搜查

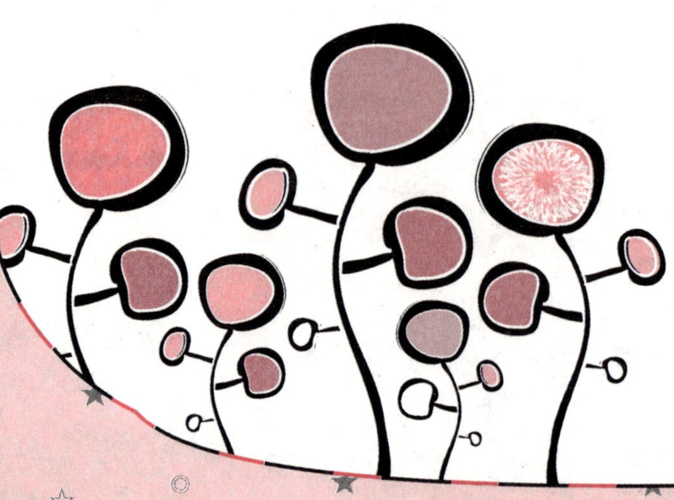

孩子就是孩子，要玩着教育

孩子的主要任务就是玩，让孩子痛痛快快地玩耍吧！玩耍是属于孩子的权利，玩耍是孩子天然的职业。

因此，鼓励孩子和伙伴一起尽情地玩耍，发挥孩子的天性，鼓励孩子打开心扉，让孩子学会社交能力，还可以让孩子学会遵守游戏规则。

爱玩是孩子的天性

在教育孩子的问题上，你是不是有这样的心思呢？

看到孩子在学习就满心欢喜，仿佛读书的不是孩子而是自己；如果看到孩子在玩，心里就不舒服，总要给孩子加点学习任务，孩子半个小时做完了作业，想出去玩，父母说不行，让孩子再做十道数学题。不一会儿，孩子又做完了，父母说再加一篇文章，结果孩子一整天都在做作业。

其实，这是很不科学的做法。如果父母一味地这样做，久而久之孩子就会觉得：父母说话不算话，即使把作业早做完了也仍然不能玩，还会被多加作业量，不如慢慢做，于是孩子就会养成做事拖拉磨蹭的坏习惯。

要知道，爱玩是孩子的天性，父母天天把他关在屋子里学习，会让孩子感觉憋闷、压抑，旺盛的精力得不到渲泻。慢慢地，父母的威信就会逐渐降低，孩子为了躲避作业，就会偷偷溜出去玩，而且玩起来特别疯，似乎要把前面耽搁下来的玩耍时间在这次全部补偿出来一样。

联合国《儿童权利公约》有明确规定："儿童有权享有休息和闲暇，从事与儿童年龄相宜的游戏和娱乐活动，以及自由参加文化生活和艺术生活。"由此可见，休息、闲暇、活动对孩子多么重要。而玩，正是孩子们休息闲暇时间里一项主要活动，玩也是儿童的一种不可忽视的权利。

是的，游戏是孩子，尤其是3岁前孩子的主要生活内容，也是他们的生活方式。对他们来说，游戏不仅仅是玩，简直就是他们的工作。如果父母不经意破坏了孩子这种生活方式，造成的损失将是无可估量的。因此，父母要想培养聪明宝宝，首先就要了解孩子这种生活方式，才不至于破坏他们这种生活，从而影响孩子这时期特殊的益智活动。

孩子一生下来，就开始通过玩来了解世界。玩不仅有助于拓展孩子的想象力和创造力，还可以培养他们坚强的毅力和互助精神，增加他们与人交往的机会，以及学会理解他人、控制自己的本领。作为父母，千万不要以学习为名泯灭了孩子爱玩的天性。

怎样指导和帮助孩子去玩，让他们在嬉笑游戏中学习知识，学习人生，这里给广大父母提出以下建议：

给孩子玩耍的时间

孩子只要完成了自己的学习任务，父母就应该支持孩子去玩。作家老舍先生有一套与众不同的教子“章程”，其中有一条“应该让孩子多玩，不失儿童的天真烂漫。”一张一弛是文武之道，孩子只有玩得好了，休息好了，学习起来才有充沛的精力。

陪孩子一起玩

玩是孩子的权利，但孩子在小的时候常常不知道怎么玩，父母就要陪孩子一起玩了。在玩中不要教训孩子，不要总想给孩子增加点智力内容，玩就是玩，您也不要总说“孩子笨，连玩都不会”这些话。玩是为了放松精神的，如果孩子玩耍时还要不停地接受训话，那还有什么乐趣可言呢？

在玩中帮助孩子

孩子毕竟还是需要指导的，当您和孩子一起游戏时，可以帮助孩子，如在对待输赢的心态上，在自信、细心、耐心等方面，都是可以培养的。

鼓励孩子和朋友一起玩

父母不可能有那么多的时间，而且孩子也需要接触更多的人和更宽广的世界。因此，父母要经常鼓励孩子到外面和小朋友一起玩。在玩耍中，孩子不仅放松身心，增长智力，还能学会与他人交往的技能以及如何处理突发事件等。

给孩子一些玩的规则

让孩子拥有玩的权利，并不等于放纵孩子玩的内容或方法，父母应和孩子谈一谈，告诉孩子自己内心的担忧，告诉孩子玩的时候有些规则是必须遵守的：告诉孩子有些东西可以玩，有些东西最好不要玩，有些东西根本就不能玩。

孩子的主要任务就是玩！其实对孩子而言，既没有纯粹的学，又没有纯粹的玩，只有学着玩、玩着学！玩是学的最好手段，失去玩的学，就会失去学的最好效果。正如著名教育家陈鹤琴先生所说：“孩子是以玩游戏为生命的。在游戏中学习，在游戏中工作，在游戏中身心才能获得充分、健康的发展。”

孩子的主要任务就是玩！其实对孩子而言，既没有纯粹的学，又没有纯粹的玩，只有学着玩、玩着学！玩是学的最好手段，失去玩的学，就会失去学的最好效果。

爱心教育，从游戏做起

随着孩子语言的发展、独立活动的增多，认识、感知世界的能力也在提高。父母不仅要满足孩子的物质需求，而且应注重培养孩子良好的品格，为将来人生的发展奠定基础。培养孩子良好的品格，从让孩子懂得爱、给予爱开始。

也许你的孩子不讲道理，自私，充满了自我意识，很少考虑他人，对于2～3岁的孩子来说更多地出于本性，由其心理发育特点所决定。

遇到这种情况，父母不要着急，只要从现在起，父母平时留心，为孩子播下一颗“爱心的种子”，就能让它在孩子的内心“生根发芽”，总有一天，我们的孩子也能成为“爱心小天使”。

怎样教育孩子学会关怀他人、给予他人呢？

父母引导孩子交流爱的感受

请幼儿说说“今天我帮助了谁？”“他是怎么说的？”“我心里觉得怎么样？”这种交流有几种好处：幼儿在回忆的过程中，重新回味了帮助别人的快乐，在别人的赞赏中进一步巩固了对自己行为的认识，加强了爱别人的信心；描述的过程让孩子了解到什么时候该帮助别人，受到别人的帮助时该怎么回应，这是一种榜样的作用，另外也让孩子分享到帮助别人的快乐。

让孩子享受“赞美时刻”

让孩子找出别人的优点，发现别人做的好事，进行赞美，同时要求孩子在赞美时，要把事情的始末描述出来，说说赞美的理由等，孩子的每一点细微的进步，每一个小小的闪光点，每一种积极的行为在父母的肯定和鼓励下得到强化，使孩子的美好情感也不断获得启发和感染。

从小事中寻找教育方法

关怀别人、给予别人并不一定非要做出多么伟大、多么了不起的举动。比如生活中分东西吃时，父母引导孩子先给老人，平时父母自己更要以身作则，多一些充满爱意之举，确信你所做的每一件事都是可以让孩子模仿的。

只要有爱心，随时随地都能进行爱的传递和教育。关怀别人、奉献爱心还要在日常生活中的小事得以体现。

在释迦牟尼轶事中有这样一个“无财七施”的故事：

一个人跑到释迦牟尼面前哭诉。

“我无论做什么事都不能成功，这是为什么？”

“这是因为你没有学会给予别人。”

“可我是一个一无所有的穷光蛋呀！”

“并不是这样的。一个人即使没有钱，也可以给予别人七样东西。

“第一，和颜施，就是用微笑与别人相处；

“第二，言施，就是要对别人多说鼓励的话、安慰的话、称赞的话、谦让的话、温柔的话；

“第三，心施，就是要敞开心扉，对别人诚恳；

“第四，眼施，就是以善意的眼光去看别人；

“第五，身施，就是以行动去帮助别人；

“第六，座施，就是乘船坐车时，将自己的座位让给老弱妇孺；

“第七，房施，就是将自己有空下来的房子提供出来，供别人来休息。

“如果你有了这七种习惯，好运会随之而来的。”

父母给孩子讲这个故事，就是要让孩子明白：不经意的称赞、善意的目光、小小的牺牲和谦让也是爱的一种表现，也能给别人带来快乐。

是的，爱的教育要从小做起，正如伟大的教育家陶行知先生说：“爱是一种伟大的教育，没有爱就没有教育。”因此，父母在培养聪明宝宝的时候，一定不要忘了爱的教育才是！

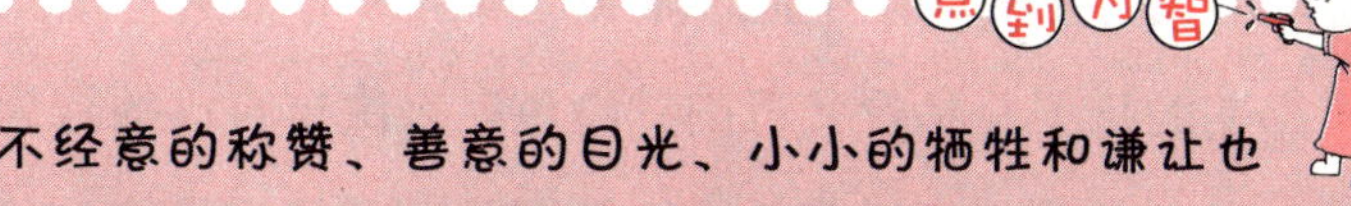

点到为智

不经意的称赞、善意的目光、小小的牺牲和谦让也是爱的一种表现，也能给别人带来快乐。

孩子的内心，有别于成人

怎样读懂宝宝的心，从而更爱孩子呢？这是一个跟当时情景发展有紧密联系的问题。

如果父母不是深入了解孩子的内心，而是按照大人自己的意愿，把自己认为好的，认为对的都强加给孩子，那么这样能培养出优秀的孩子吗？

答案显然是很难的。随着孩子成长的不同年龄阶段，其心理特征和需求都有所不同，因此，父母与孩子的接触方式、沟通语言也应作相应的调整。父母要根据孩子的生理年龄、心理年龄段感兴趣的事情进行沟通。

立志成才要趁早，培养聪明宝宝也要趁早。那些“望子成龙”的父母们，你知道0~3岁和3~6岁宝宝的心理引导重点吗？

0～3岁依靠期的孩子，喜欢看父母的“脸色”行事

0～3岁是宝宝的依靠关键期。这时期的宝宝依靠本能的目的是

"讨好"父母，以便父母能更多地关注和照顾自己。在依靠本能的驱使下，孩子很会"察言观色"，他们愿意做能够引起父母高兴，并能引起父母关注的行为，而不愿意做不能够引起父母高兴并能引起他们关注的行为。

由于这时期孩子的行为有"讨好父母"的特点，因此，孩子依靠关键期内形成的性格具有外显的特点。

依靠期的孩子总是看父母的"脸色"来决定自己的行为，所以依靠期的孩子是十分"听话"的。依靠期是孩子最容易接受父母教育的时期，也就是说依靠期是教育孩子的"黄金"时期。然而很多父母在对孩子的教育问题上却"本末倒置"，总是对孩子"言听计从"，这样教育的结果只能是：不但白白浪费了教育孩子的"黄金"时期，而且养成了孩子任性、自我等不良性格。

3～6岁学龄前孩子主要培养合群性

学龄前期是指儿童从3周岁到6周岁这一时期，也是儿童正式进入学校前的一个时期。这个阶段的宝宝心理发育主要有3个突出特点：

喜欢参加社会实践生活，尤其是劳动和学习活动

随着孩子年龄的增长，他们已经开始有了一定的独立性和社交能力。这时期的父母也应该对宝宝提出更高的要求，要求孩子独立担负某些简单的职责，如穿衣、吃饭、收拾玩具等。

对于孩子渴望独立参加社会实践活动这个问题，父母可以让宝宝多参加一些户外游戏活动。通过户外的互动游戏活动，孩子的劳动、社交、认知等能力将会进一步提高。

心理过程带有明显的具体形象性和不随意性，开始发展抽象概括性和随意性

这时期的孩子还不能给事物下抽象的定义，而只能下功用性的定义，如花是好看的，水果是好吃的，椅子是可以坐的东西等。虽然学龄前宝宝也能掌握数的概念和进行计算，但是同样需要直观形象的不断支持和强化，否则就会有很大的困难。

学前孩子的心理受外界印象的调节支配，很容易受外界新颖事物的吸引而改变自己的心理活动，因此，他们有目的、系统的独立思考能力很差。

因此，父母在教育孩子的过程中，要充分了解孩子的这个心理特点，帮助孩子逐步建立心理上的随意性和稳定性，为孩子正式进入学校学习作早期的准备。

开始形成最初的个性倾向

这时期孩子行为的自觉性慢慢发展起来，他们能逐渐使自己的行为服从较远的目的，从而慢慢形成最初的个性倾向。这种倾向对孩子以后的心理发展具有一定的积极作用。因此，父母应从小培养孩子良好的个性品质和道德行为，让孩子的个性从一开始就能沿着正确、科学的道路良性发展。

因此，父母在进行正式的教育之前，首先应弄清楚孩子在想什么，并且处在什么状态之中，唯有对孩子的特点和心思了如指掌，才能制定适合孩子的教育方针。因此，妈妈应对孩子的一言一行，哪怕是极其微小的举动都要多加注意和观察，以便更多了解孩子。因为只有懂孩子，才能更好地爱孩子，才能更有效地培养聪明宝宝。

父母在进行正式的教育之前，首先应弄清楚孩子在想什么，并且处在什么状态之中，唯有对孩子的特点和心思了如指掌，才能制定适合孩子的教育方针。

不要忽略孩子情绪的变化

在孩子的成长过程中，存在着很多影响智力发展的非智力性因素，如孩子的情绪、情感、社会交往能力以及自信心、独立性、受挫性等，这些都会对孩子的智力成长起到促进或阻碍的作用。

孩子如同成人一样，他们也会有情绪的表达或宣泄。因此，当父母发现孩子不明来由生气或沮丧时，父母要识别孩子情绪背后有什么原因，不妨停下脚步来了解他们生活中发生了什么事情，并且运用一些方法来引导孩子安全地表达各种情绪。

很多父母认为，孩子就是孩子，而且很多时候总是胡说一气，很多有关情绪的话都不用当真。事实上，这是错误的行为。

父母与孩子之间，经常有这样的对话：

“妈妈，可不可以不要这样和爸爸吵架，我很害怕。”

“你回你自己的房间去。”（忽略孩子的感受）

“妈妈，我觉得很难过。”

“你只是觉得累了，快去睡觉。”（歪曲孩子的感受）

“妈妈，我想爸爸。”

“宝宝不想爸爸。”（否认孩子的感受）

以上是孩子常见的几种情绪表现，但是父母的应对方式却是违背孩子心理健康原则的。

第一个对话，妈妈完全忽略了孩子的情绪和表达，更没有对孩子的情绪进行安抚。这时候的孩子，当他看到自己赖以生存的父母吵架时，他体验到的是恐惧、害怕和忧虑，孩子甚至会觉得世界是不安全的。

第二个对话，妈妈歪曲了孩子的情绪。如果孩子的情感表达总是遭到父母的歪曲和否定，孩子就会怀疑自己的感受，开始拒绝体验感情，最终变成一个毫无感情的人。

第三个对话，妈妈否认了孩子的情绪感受，由于自己的情绪不佳，并没有对孩子的情绪进行处理。

那么，当孩子出现消极行为或不良情绪时，父母应该怎么去处理呢？有关早教专家认为：

倾听并确认孩子的情绪

很多时候，孩子的心思和情绪需要父母多花点心思，多观察他们的身体语言，如脸部表情和姿势有什么变化。

倾听并确定孩子的情绪时，父母可以用一种轻松的语气，专注的态度，不带质问的询问方式，如说：“你今天看起来有点累？”然后，等待孩子的反应。

帮助孩子用言语表达情绪

很多时候，由于孩子年龄还小，情绪表达还不是很到位，他们遇到不顺心的事或是情绪不佳时，总是习惯流眼泪。

这时候，父母可用同理心来反应：“你觉得很伤心，是不是？”这不仅让孩子知道父母在关心着自己，而且孩子还能学一些描述自己情绪的词汇。

父母还可以告诉孩子有时候一些情绪是正常的，比如：“孩子没有拿到书画比赛的一等奖而伤心”，这种伤心情绪是正常的。

与孩子一起商讨解决之道

当父母识别并确认了孩子不良情绪的来源时，就要想办法解决孩子的这种消极情绪。

聪明的父母，总是会想办法与孩子一起讨论问题的解决方法。如，父母可以如此说：“你很生气小杰拿了你的东西，如果是我也会生气，但你打他是不对的。让我们想想有没有其他解决的方法？”

研究发现：很多被认为智力有偏差的孩子，其实真正的原因都不是来自于孩子的智力本身，更多的是来自于成人不经意的伤害。这种在幼儿期造成的伤害，调整起来相当不易。因此，父母需要给予孩子更多的关注。

所以，作为父母，要特别留心孩子在成长过程中的情绪变化，多观察、多引导、多沟通。在孩子的成长过程中，将情绪、情感、社会交往能力以及自信心、独立性、受挫性等非智力性因素处理和协调好，这样才能对孩子的智力成长起到积极的促进作用。

点到为智

很多被认为智力有偏差的孩子，其实真正的原因都不是来自于孩子的智力本身，更多的是来自于成人不经意的伤害。这种在幼儿期造成的伤害，调整起来相当不易。

身教胜于言传

下午放学时间，父母和孩子，或欢声笑语，或行色匆匆，甚至成群结队，其乐融融越过红灯。甚至有的父母带领孩子一起做闯红灯的“英雄”。

现在不遵守的只是交通规则，可对孩子的影响不仅仅是交通规则方面的，到底该怪谁？

该怪谁呢？从我们父母身上反省吧，父母给孩子做的榜样是什么？本身有没有违反规则，有没有言行不一？不要动辄就教训自己的孩子，自己做到很好的言传身教了吗？更多时候人生旅途中的红绿灯都是无形的，只能用人的思维来决定。

思维的变化是无规律可循的，它不像操作电子器械一样让行就行，一按开关就立刻停止。一个人能否驾驭自我的思维将直接决定这个人的成败。如果建立不起思维的控制系统，那么孩子一生的行为都有可能在闯红灯！

通过孩子可以看出父母是什么样的人。从孩子的行为举止可以看出父母是什么样的人品、怎样教育孩子的。

孩子在成长过程中是通过模仿，从生活中一点一滴地学习和积累人生经验的。模仿的对象主要是自己最亲近的人。俗话说："种瓜得瓜、种豆得豆。"医生世家，会出很多医生，学者家会出很多学者。孩子从小学到的东西对今后的成长有很大的影响。

这就意味着家庭教育占据孩子成长过程中很重要的一部分。不管在学校或幼儿园接受多么好的教育，如果父母没有一个好的表率，那么孩子就会在现实与所学到的东西之间徘徊，最后很可能选择现实中所看到的、听到的。

但是，很多父母不注意自身的行为，而对孩子的一举一动却很敏感。

为了让孩子们能够健康茁壮地成长，父母首先应当起到正确的表率作用。父母在教育孩子的过程中，自身文化程度的高低并不是最关键的问题，因为父母不是教孩子知识的老师，而是孩子行动的榜样。通过父母的行为，孩子可以学到幼儿园学不到的东西。

因此，父母关于爱的"红绿灯"教育要从小孩子抓起。

孩子年幼时期是接受信息、接受知识最快的时期，同时也是孩子学习守秩序的敏感期，这是建立规则的好时机，父母们应尽量把有用的知识、信息和经验传递给子女：必须告诫子女不能闯红灯，一旦闯了道路的禁区，要承担责任，要付出沉重的代价，这是不容怀疑的。

此外，还应该交给孩子什么是对？什么是错？对的就是对的，错的就是错，对的可以做，错的就绝对不可以做；该做的事情，必须做好；不该做的事情，必须立即停止。

红绿灯是关乎生命的规则，因此每对父母必须坚守这个规则，首先为孩子树立起好榜样，这样孩子才能用简单的心灵去体会规则，从一开始的抗拒规则，接着到学会逐渐遵守规则，最后到自主管理自己的行为。

孩子是单纯而美好的，只有在父母适时的“红绿灯”规则下，孩子才能建立是与非的观念，才能安全穿越斑马线，更能顺畅地通过人生的每一个十字路口。

点到为智

孩子年幼时期是接受信息、接受知识最快的时期，同时也是孩子学习守秩序的敏感期，这是建立规则的好时机，父母们应尽量把有用的知识、信息和经验传递给子女：必须告诫子女不能闯红灯，一旦闯了道路的禁区，要承担责任，要付出沉重的代价，这是不容怀疑的。

客观地认识孩子，多作纵向比

“邻居家的孩子2岁就开始学英语了……”

“明明的学习成绩不是第一就是第二，而你连加减法都经常算错，到底是怎么学的？”

这是很多父母经常说的话。他们总是喜欢拿自己的孩子与别人的孩子作比较，这似乎是所有的父母都不能免俗的。

要知道，这种教育孩子的说辞是父母典型的语言暴力。所谓语言暴力，是指使用过分的语言或在和他人比较时所使用的过激语言。

父母的语言暴力比体罚更容易伤害孩子

对孩子而言，语言暴力比体罚更容易造成伤害。

很多父母认为：通过比较可以激发孩子更大的潜力，这是毫无根据的。在把孩子和别人作比较的时候，孩子不一定会产生竞争心理，反而会有失败感和羞愧心。因为失败感，孩子会失去自信，不只是成绩，在生活中也会处处碰壁。

一般情况下父母总是把孩子的学习成绩作为和别人比较的尺度。因为其他的才能（如绘画或音乐等）不容易比较，因此父母总把孩子们的学习成绩和排名同别人进行比较。如果学习成绩好，就是能力出众，成绩不好，则被认为没有能力。

这一点令人怀疑，学习成绩好，真的就代表孩子能力出众吗？这只是父母们自己制定的标准，当然我们也不能忽视这种能力。但是，单凭学习成绩这个标准来衡量孩子的能力是不正确的。

单纯凭借学习成绩来评价孩子的能力存在一个巨大的误区。对所有的孩子来说，每个人有各自不同的能力。即使是双胞胎兄弟，能力也各不相同。怎么能仅凭学习成绩来评价孩子的能力呢？

问题的关键不是孩子的能力问题，而是父母是否善于发现孩子的能力。父母是为孩子的人生打基础的人，而很多父母总是拿邻居家的孩子和自家的孩子比，却把自己的职责抛到了九霄云外。把自家的孩子和邻居家的孩子比较，就好像拿自己家的苹果树和邻居家的梨树作比较一样没有意义。

现在不要再把时间浪费在和别人家的孩子作比较上了，有这个时间，还不如和孩子在一起做一个有趣的游戏，等待着孩子展现自己的才能。

为了把孩子培养成才，父母可以说是不辞劳苦。但是，只有满腔热情、盲目地辛苦并不能保护孩子和正确培养孩子。在教育孩子的过程中有一点是非常重要的，那就是父母必须以身作则，让孩子在自己潜移默化的影响下健康成长。

客观地认识孩子，少作横向比，多作纵向比

对于尚在成长期的孩子来说，“比较”也许可以从另一种角度让他们过早地理解竞争的意义。如果父母真的想让孩子通过比较知道不足从而去追赶父母眼中“好孩子”的程度，那就大可不必了。

因为，很多时候，我们在孩子间所作的比较，是不公允、不科学的。想一想，其实是在以自己孩子的劣势比人家孩子的优势，这种比较其实并没有太多实际意义。

如果一定要作比较，科学的比较应该多从孩子自身成长变化来看，也就是纵向比，而不要盲目地与其他孩子作横向比。

那么，父母如何客观地看待自家孩子，进行纵向比呢？

首先要了解孩子所处的成长阶段，正常的心理和生理发展指标。对应指标来看自己的孩子是否达到，差距在哪里，原因是什么，又该如何调整。

婴幼儿阶段的孩子在每个年龄段都有获得一种能力或几种能力的敏感期，父母要知道孩子在每个时期所应该掌握的能力和达到的标准，以此来作为孩子成长中纵向比较的标杆。

宝宝在两岁半左右就开始对秩序比较敏感了。这个年龄段的宝宝很容易把父母不经意的一些习惯认为是自己的规律，父母应当充分利用这段时间尽快教会宝宝认识事物之间的关系以及生活当中的规律，引导他们玩一些规则意识比较强的游戏。

3岁半左右的宝宝则对符号比较敏感。以阿拉伯数字为例，在这个时期，父母应当利用孩子的数字敏感期，尽快地教会孩子掌握数的基本概念，而不是简单的加减法学习问题。

事实上，对于3岁的宝宝，会数数只是唱数，他并没有了解数的实际意义，也就是说还不了解数的基本概念，所以教他做加减是没有意义的。孩子对数的认知，要经历“唱数、点数、数的集合以及数的守恒”四个阶段。

宝宝能够点着父母提供的物品数数，这是唱数或点数。父母要特别留意区分，从唱数到点数，其实是一个很大的转变。我们经常可以看到，小朋友在数串珠的时候，嘴数到5了，而手指头已经指到7了；或者是嘴里说到10，而手还停在第6颗珠子上。这就是只会唱数，不会点数，典型的手口不一致。宝宝3岁左右时，有这个现象也是正常的，如果到4岁了还这样，就需要特别注意了，属于“手眼发展不协调”。到了4岁多还有这个现象，那就是“视觉空间转换能力”不够好，没有及时建立对数的概念。

会唱数、会点数还没有掌握数的基本概念，数的基本概念还包含着“数的守恒”。

如果父母不了解孩子在关键期各阶段的情况，在孩子还没有完成唱数、点数、建立数的概念的基础上，就填鸭式地让他背口诀、做加减法是违背孩子正常的认知规律的，也是父母常常感觉事倍功半的一个主要原因。

我们成年人在遇到自己的弱项时也会经常回避或扬长避短。因此，在孩子的培养问题上，父母确实需要有一双慧眼，客观地认识自己的孩子，不作盲目比较，而是真正了解孩子所处的年龄阶段应该达到的水平，给予有针对性的培养，这样才能真正帮助孩子健康成长。

在孩子的培养上，父母确实需要有一双慧眼，客观地认识自己的孩子，不作盲目比较，而是真正了解孩子所处的年龄阶段应该达到的水平，给予有针对性的培养。

千万不要对孩子说“反话”

四岁的阳阳和妈妈在客厅玩积木，阳阳正在用积木搭一座高高的塔，妈妈看着快到做饭的时间了，就对孩子说：“阳阳，妈妈要去做饭了，你自己再搭会儿积木，等妈妈做完饭再陪你玩。”

阳阳正玩得高兴，听妈妈这么一说，马上大叫起来：“不行，妈妈要陪我玩。”

“妈妈要去做饭，你不吃饭了吗？”

“那也不行！”阳阳说着，开始大哭起来。

妈妈也生气了，“你怎么听不懂话呢？哭，哭，你哭吧，你就使劲地哭吧，我走了！”妈妈说完，气鼓鼓地摔门进了卧室！

阳阳也急了，索性坐地板上嚎啕大哭起来。任凭家人怎么哄，也无济于事。

相信很多父母都有类似的困惑吧：孩子怎么听不懂大人的话呢？怎么越说哭得越厉害呢？怎么一点也不听话呢？

还有一些父母反映说，因为自己会经常开玩笑说自家宝宝是“小笨蛋”，深深伤害了一个小男子汉的自尊心。那么小坏蛋、小笨蛋、丑丑等昵称，或者父母善意的一句反语，孩子又是作何理解的呢？

调查发现：这个年龄段的孩子仍然会从字面上理解父母说的话，如当一个5岁大的孩子，浑身脏兮兮地从外面跑进卧室，大人哭笑不得地说：“你浑身可真是干净！”孩子可能不会理解这句话的真正含义，他会信以为真，以为父母没有看到自己身上的脏东西，而不会感觉到父母的语气是在批评自己，他不会认为父母的语气是有意说反话。

在这个阶段，孩子是无法理解“反话”的。孩子的行为能力以模仿学习为主，要让孩子怎样做，父母就要先做给孩子看。孩子对一些语言指令往往不会有直接反应，所以父母应该辅以身体语言，如手势、动作，让孩子明白自己说的是什么意思。因此，父母要尽量避免在孩子面前说“反话”和“气话”，孩子需要的是父母积极的榜样和正面的引导。

那么，当孩子不听话时，父母应该如何应对，从而使孩子听从自己的指令呢？

与其在事后发火，不如事前先给孩子一些提示的话语，让孩子有一个“心理准备”的过程。比如，妈妈可以在开始游戏之前就先告诉宝宝：“宝贝，现在是11点半，妈妈12点要给宝宝吃饭，不然宝宝肚子饿，就会影响长个子。吃完饭以后妈妈再陪宝宝一起玩半小时。”虽说孩子还没有时间观念，但是听从妈妈的安排，他大概会知道时间是怎样安排的，就会比较有心理准备，到需要改变活动时，也能比较容易接受。

需要提醒的一点是，在游戏结束之前要“事先声明”，让孩子想起自己的承诺，也提醒孩子兑现自己的承诺。

婴幼儿、学龄前孩子学习以模仿为主，要让孩子怎样做，父母就要先做给孩子看。父母要尽量避免在孩子面前说“反话”和“气话”，孩子需要的是父母积极的榜样和正面的引导。

孩子需要启发性引导

幼儿是一个特殊的年龄群体，一般是在1～7岁之间，启发式引导指的是引导宝宝积极思维，发展宝宝智慧的一种教育方法，是开发幼儿心灵觉醒的基本方法，是启发幼儿展现自我的手段。

启发就是充分激发宝宝学习的内在动机，调动宝宝学习的主动性、积极性，促进宝宝积极思维，提倡宝宝自己动脑、动口、动手去获取知识。

就拿玩具来说，很多父母不知道如何引导宝宝选择玩具并整理玩具。

玩玩具是每个孩子成长的必经之路，仿佛在孩子眼中玩具是有生命的一样。现在每个家庭都会给孩子买很多玩具，家里的玩具都可以用“堆”来形容了，宝宝玩起来就把家里弄得乱七八糟，父母怎么收拾也来不及。

那么，很多父母是不是很想引导自己的宝宝来收拾和管理自己的玩具呢，这里给你支几招吧！

父母可以通过讲故事的口吻来和宝宝对话，如：“宝宝有自己的房间，想不想让你的玩具也有自己的房子住？”相信很多宝宝都会马上积极响应。

于是，父母可以带宝宝去超市买一个中号的整理箱。回到家后，父母要带领宝宝一起将所有的玩具安置到这个整理箱里。

整理完以后，父母还可以对宝宝说：“宝宝，现在这些玩具都有家了，以后他们的生活就由宝宝来管理了，可以吗？”这就是说：宝宝想玩玩具的时候就自己来这个“房子”里拿，不想玩的时候就把玩具送回“房子”。

在宝宝睡觉前，父母还可以提醒宝宝去和“房子”里的玩具“说晚安”。

说到这里，很多父母可能会说“我总是给孩子一个大筐子或是大桶，让宝宝把所有的玩具都装进去！”但是做到这一点，并不能说明父母对宝宝的引导已经完全成功了。因为很多父母给孩子一个大桶或大筐，让孩子把玩具全部丢在里面，如果孩子想要某一样玩具时，得把整桶或是整筐的玩具全部倒出来找，这样不利于孩子好习惯的养成。

因此，父母还可以继续对孩子进行引导，那就是让孩子理解并学会对自己的东西分门别类进行管理。

这时候，进一步的启发性引导可以这样做：当孩子因为乱放玩具找不到时，父母不要急着帮孩子找，而是要让他感受一下不好好收拾玩具的后果，接着父母再帮孩子找玩具，同时要趁机引导孩子把玩具分门别类地整理、收拾好。

有心的父母还可以和孩子一起做一做找玩具的益智游戏，从而激发孩子收拾玩具的兴趣。当孩子逐渐养成自己收拾玩具的能力后，父母就应该坚持让孩子收拾并管理自己的玩具，一旦孩子自己会做了，就坚决不要自己动手代办了！

对宝宝进行启发式引导时，父母要有针对性、逻辑性、创意性、趣味性地启发引导，使孩子想象无限、创意无限，展示心灵的天地。

孩子毕竟还是孩子，不知道什么是对和错。即便知道这些，有时候也很难控制自己的情绪，因此父母需要给孩子必要的启发式引导。

生活中，不管是在学校还是在家里，当我们想让孩子遵守某种规则，完成某一件事情时，光讲道理是不行的，用成人的语言、成人的口吻命令，对教育孩子一点效果也没有。

只有把自己当成他们的朋友，以他们的视觉和方式来沟通，他们才愿意听，这样一来，很多问题解决起来就方便多了。

孩子毕竟还是孩子，不知道什么是对和错。即便知道这些，有时候也很难控制自己的情绪，因此父母需要给孩子必要的启发式引导。

不要影响孩子的判断力

有些父母认为孩子三四岁、五六岁，会有判断力吗？需要这么早培养吗？这里大多数父母有一个认识的误区，以为自己是生活中的全知者，孩子是生活中的无知者，什么事情都是自己比孩子明白，都是自己教孩子。

今天的孩子，很多都生活在温室里，是被“抱大的一代”。这样的孩子不需要承担多少义务，往往是吃什么、什么时候吃；穿什么、穿几件……全由父母安排得好好的，孩子只是被动地接受。

如此光环之下，孩子自然没有了自己的思维，没有了自己的判断力！科学教育孩子的方法应该是这样的：严格而不专制。所谓专制是指强迫孩子服从。父母在教育方法上，一定要注意讲道理，培养孩子一定的判断思维能力，使孩子能理性地思考问题和处理问题。

培养孩子的判断力，也需要从小开始，最好是从兴趣、游戏中就开始。

给孩子选择的权利

在孩子的世界里，他们也经常会面临一些抉择，这时父母不要“包办”，而是要“权力下放”，让孩子自己经过思考后再作出决定。

抉择是每个人享有的权利，孩子也如此。给孩子机会去作出人生中最重要的抉择，当孩子遇事作出正确的决定时，这对他长大成人后在工作中有极大的帮助。

让孩子表达自己的想法或建议

生活中，很多父母在培养孩子成才的过程中，不知道如何培养孩子成才或是让孩子变得更聪明；很多父母甚至习惯于粗暴或武断地打断自己孩子的想法或建议。

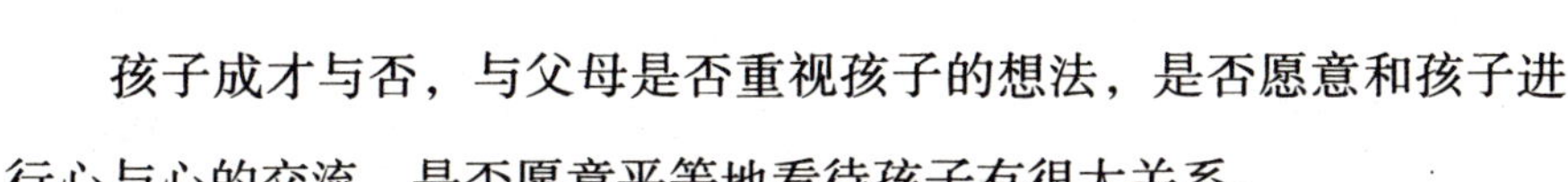

孩子成才与否，与父母是否重视孩子的想法，是否愿意和孩子进行心与心的交流，是否愿意平等地看待孩子有很大关系。

因此，生活小事上不妨让孩子自作主张，在一些重大的事情上，父母最好多听听孩子的想法或意见，给他们言论上的自由，这对孩子的健康成长和人格的形成有重要意义。

鼓励孩子坚持自己正确的判断

作为父母，理性地鼓励孩子坚持自己的决定，对孩子的成长、发展都很重要。但是，由于大多数孩子社会阅历浅，有时即使作出的决定很正确，但在遇到外界的阻挠时，总是很容易放弃，这时父母就很有必要鼓励孩子坚持下去。

和孩子讨教生活中的小问题，培养他的判断力

当和孩子去麦当劳时，妈妈可以设想一个问题，向宝宝讨教答案，如“今天妈妈不太饿，只是有些口渴，我该吃些什么呢？”这时候很多宝宝可能会给妈妈推荐一些饮料。

千万不要认为这是一种很浅显的提问，孩子的判断能力在生活实践中得到了锻炼，因为孩子给妈妈的建议果然能解决问题，他敢于为大人作出其他的判断。

无论孩子长大后从事哪方面的工作，判断力都是取得成功的必备能力之一，敏锐思维、准确决断并不是一句空泛的形容，而是包含化解在细碎的家教方法之中。

因此，在生活小事上，父母多和孩子进行讨教式交流和探询式沟通，借此培养并纠正孩子的判断力，坚持下去，你的孩子很快会举一反三，掌握他的世界里的原则，很自然地能作出正确的判断。

生活小事上不妨让孩子自作主张，在一些重大的事情上，父母最好多听听孩子的想法或意见，给他们言论上的自由，这对孩子的健康成长和人格的形成有重要意义。

教育宝宝的老思想，下岗！

教育孩子要在思想上下工夫，那些陈旧的、不科学的教育理念、方法亟需转变。如果能少一点惩罚，多一点赞美；少一点打骂，多一点引导；少一点权威，多一点民主；少一点说教，多一点聆听……那么，你的孩子一定会聪明无比。

教育不只是教出好成绩

学习是一种综合的能力

很多父母总是认为：教育孩子不就是教育成绩优秀的孩子嘛？其实，这是很传统的教育方式。

事实上，当代各种教育模式和教育方法，对学习指导方法都作了考察和研究。用一句话概括：学习是一种综合的能力。

也就是说，当代教育模式和教育方法说的“学习好”应该包含以下几种标准：

1.学习成绩好，而且是全面的成绩好，不是光数学好，文科不好；或者光文科好，数学不好。要全面的优秀，能够应对各种考试。

2.有创造性，能够创造性地运用学到的知识，来解决生活中遇到的问题。

3.学习好，还不能学成书呆子，必须有社会适应能力、有交际表达能力。

4.学习好，还要身心健康。如果孩子身体不好，老生病，那叫学得不好，学得不好跟父母家教方法有很大关系。

5.学得快乐，学得自在，是学得好的重要标志。如果孩子学得不快乐，学得很苦，暂时成绩好，也不能算学得好，因为长期下去就有可能出现问题。

因此，要想培养出聪明孩子，要想孩子成才，以上几点标准还是要认真注意的。

说到这里，可能很多父母都会觉得，这五大标准，又是成绩，又是身体，又是创造，又是心理，还得让孩子快乐，这么多方面如何兼顾好呢，如何同时孩子培养这些方面的能力呢？

鉴于此，我们可以将以上几个标准归结为一点，那就是培养孩子的好习惯。因为叶圣陶先生曾说：“教育就是培养好习惯。”

教育就是培养孩子的好习惯

的确如此，习惯来自于生活，生活即教育。孩子任何能力、品质、性格等，最终都可以回归到“习惯”。这就是说，孩子一切的发展都是从习惯开始的。中国有句古话：“勿以善小而不为，勿以恶小而为之。”习惯也是一样，好坏都不要因为“小”而不在乎。

一位诺贝尔奖得主在被问到“在哪所大学学到了最重要的东西”时，他不假思索地答道：“幼儿园。在那里，我学到了把自己的东西分一半给小朋友，学到了不拿别人的东西，学到了做错事要道歉，学到了得到别人的帮助要道谢……”说到底，这位诺贝尔奖得主认为一生中最重要的东西是习惯，善于分享的习惯、诚实的习惯、礼貌的习惯、感恩的习惯……并且这些习惯都是从小养成的，从小事中养成的。有人说：“成也习惯，败也习惯。”那么是成是败，且让我们从培养孩子的习惯开始吧！

播下一个行动，收获一种习惯；播下一个习惯，收获一种性格；播下一个性格，收获一种命运。“永远都要坐在第一排”，为什么不让你的孩子也养成这样一种优秀的习惯呢？孩子一旦有了这样的习惯，相信他将不只聪明，而且卓越。

习惯不是天生的，是后天养成的，都是从生活的点滴小事中渐渐养成的。那么如何让孩子养成好习惯呢？

分清什么是好习惯，什么是坏习惯

要想培养聪明宝宝，相信以下的习惯都是好习惯：

善于倾听的习惯、善于表达的习惯、善于运动的习惯、善于动手的习惯、善于游戏的习惯、善于阅读的习惯、善于思考的习惯、善于提问的习惯、善于探索的习惯、善于创造的习惯，此外还有善于准时睡觉准时起床的习惯，善于合理饮食的习惯等。

好习惯从胎儿起就要开始培养

如果说某些习惯在胎儿期就开始养成了，你会信吗？来看一个有趣的心理学实验：

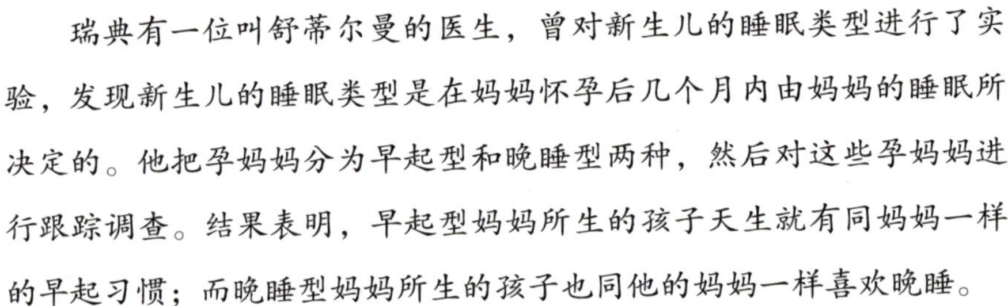

好早起和爱晚睡的婴儿

瑞典有一位叫舒蒂尔曼的医生，曾对新生儿的睡眠类型进行了实验，发现新生儿的睡眠类型是在妈妈怀孕后几个月内由妈妈的睡眠所决定的。他把孕妈妈分为早起型和晚睡型两种，然后对这些孕妈妈进行跟踪调查。结果表明，早起型妈妈所生的孩子天生就有同妈妈一样的早起习惯；而晚睡型妈妈所生的孩子也同他的妈妈一样喜欢晚睡。

这就是实验的结果：早在胎儿期有些习惯就开始养成了，并且那时妈妈的习惯直接影响到胎儿的习惯。

之所以把这个心理学实验介绍给父母，就是想说明一件事：千万不要认为孩子太小不能进行好习惯培养！只要你意识到好习惯对他的意义，无论孩子多大，都不算晚，从现在立刻开始进行培养。

掌握培养孩子好习惯的方法

培养孩子的好习惯，最主要的一点就是：父母要身体力行，因为对于孩子来说，他们的学习方式以模仿学习为主，因此父母的身教胜于言传。

有人说“孩子就是父母的镜子，看到孩子的表现就知道他的父母什么样”。这也正应了那句老话“有什么样的父母就有什么样的孩子”。比如：如果孩子酷爱读书，那么就几乎能够肯定他的父母一定不是讨厌读书的人；反过来，如果父母是一个懒于读书的人，那么也可以断言他的孩子不可能是酷爱读书的人。所以，要想让孩子养成善于读书、善于思考、善于运动、善于倾听等这些与智力发展密切相关的好习惯，父母首先要作出表率。

合理运用“强化”手段，培养孩子好习惯

美国心理学家斯金纳认为，对某种行为给予正强化，就可以使这种行为反复出现，以至于内化为习惯；相反，如果对某种行为予以负强化，就会使这些行为逐渐消除。

在教育孩子的问题上，当然要在孩子出现好的行为表现时，即时即刻地给予正强化。表扬、鼓励、赞美，都是正强化的方式；而批评、制止、惩罚等手段则是所谓的负强化。

习惯来自于生活，生活即教育。孩子任何能力、品质、性格等，最终都可以回归到“习惯”。这就是说，孩子一切的发展都是从习惯开始的。

己所不欲，勿施于子女

首先，给为人父母的家长们，讲一个小故事，这个故事来自于《庄子·爰居》。

爰居是一只美丽的、歌声动听的、舞姿优美的海鸟，楚王于是将它捉来，为它建最华丽的宫殿、做最美味的佳肴、请来最优秀的舞娘为它跳舞。总之楚王把自己认为最好的东西都给了爰居，但是，爰居还是郁郁而亡。

因为楚王喜欢的东西并不是爰居所好，所以给了也是白给。这个故事讲的就是“己所不欲，勿施于人”这个道理。

“己所不欲，勿施于人”用在对孩子的家教里，就是“己所不欲，勿施于子女。”

很多父母做事不顺利的时候，不愿意别人埋怨数落，不愿意别人摆张臭脸给你看，那么，很多父母为何要这样对待孩子呢？

“己所不欲，勿施于子女”就是换位思考

说到这里，很多父母可能会说，“己所不欲，勿施于人”这个道理我懂，但是不知道如何将“己所不欲，勿施于子女”运用到孩子身上？

事实上，“己所不欲，勿施于子女”的教育方式很简单，主要教父母能够“换位思考”即可。

在生活中，作为父母，如果能多站在孩子的角度上去思考问题，这样就会很客观地并设身处地地去理解孩子、同情孩子、爱护孩子。这样，你们也就会被孩子视为善解人意的父母。所谓“善解人意”，也就是要善于换位思考。换位思考，不仅能明确自己的存在，而且还能知道孩子需要什么，并会在孩子需要的时候，及时伸出援助之手，而不是一厢情愿地进行“填鸭式”说教，从而置孩子的问题和想法于不顾。

那么，父母在同孩子的沟通中，又怎样去“换位思考”呢？

要用细心去感受孩子

“在我是你这个年纪的时候……”这是父母亲经常挂在嘴边的一

句话。当然，相信父母的初衷都是为了缩近与孩子之间的交谈距离，但这样却让孩子感觉更疏远。

如果父母换一种方式，坦白地告诉孩子，父母也曾经有做错事的冲动，也曾因为做了类似的错事而后悔过。这样说，孩子才能听得进去，才愿意接受父母的建议。

要用真心去了解孩子

真心地去了解孩子每个时段的心理需求，这是十分有必要的，因为只有了解孩子，才能因材施教。

因此，希望一些父母能够进行如下的反思：是否在他们成长的过程中，为孩子提供了他们所必需的东西？是否让他们独立自主，甚至让孩子通过犯错误去体验成长的机会？有没有注意给他们游戏和玩耍的时间？

要用爱心去读懂孩子

许多父母都说他们很爱自己的孩子，可是，在他们对孩子的“爱”里，存在着许多误区。这里所谓的“真爱”，就是真正对孩子有益的爱，是以孩子为本的爱，而不是功利的爱，不是让孩子拿高分数和高名次来换取你的爱。要记住一句话：真爱，是没有条件的。

要用耐心去贴近孩子

很多父母在孩子面前，总是摆出一副“长辈”的面孔，他们往往将“说”的权利，专横地留给了自己，而孩子们只有当听众的资格。长此以往，孩子对父母的“唠叨”，就会形成一种逆反心理。而这种逆反心理主要是父母教育方式上的错位。

因此，作为父母，要有极大的耐心和良好的修养，来倾听孩子的各种声音。无论是好的，还是不好的，都要能仔细地听进去，并能对症下药地给予孩子及时的帮助。

作为父母，如果能多站在孩子的角度上去思考问题，这样就会很客观地并设身处地地去理解孩子、同情孩子、爱护孩子；这样，才会被孩子视为善解人意的父母。

先别急着“出手”

曾经看过一项调查：“你是不是差不多隔上一周就会打骂自己的孩子一次？”结果参与这次调查的父母中，有72%的人符合这个选项。

同时，另外一项调查显示，大约有2/3的儿童曾经遭受过家庭暴力，特别是在对子女的管教上，一部分父母教育方法失当，对孩子拳打脚踢或借助棍棒、皮带等实施暴力，或者罚跪、罚站、辱骂，还有的家庭中充斥冷暴力，如对孩子不理不睬，逐出家门等。

这就说明，我们现在的很多父母还是处在“不打不成材”、“棍棒出孝子”的传统教育观念阶段，事实上这些父母都忘记了教育孩子的初衷：那就是爱不是指责、不是打骂，爱应该是陪伴式指引和修正。

到底为什么

一家三口在外用餐。妈妈无意中把宝宝奶瓶里的水往自己的汤勺里倒了一勺喝了下去。宝宝把这一切看在眼里，便抓起一把勺子“咿咿呀呀”地跟妈妈要水。妈妈给宝宝倒了一勺，宝宝便迫不及待地往嘴里送水。爸爸对妈妈说：“孩子渴了，给他喂点儿水吧。”妈妈便拿起奶瓶给宝宝喂水，可是“口渴”的宝宝却一个劲儿往外吐奶嘴。妈妈以为宝宝的姿势不舒服，就让爸爸横着抱起宝宝，再用奶瓶给宝宝“灌水”。宝宝却“闹腾”起来，一边对奶瓶拳打脚踢，一边哇哇地哭叫。妈妈生气地嘟囔着：“不给喝就要，给了又闹。带他出来真麻烦！”

让我们分析一下吧：

故事中的宝宝要水喝是因为他口渴吗？当然不是！他只不过是对妈妈用勺子喝水这一举动产生兴趣，进而开始模仿罢了。粗心的父母没有弄清宝宝行为背后的真正原因，想当然地认定宝宝渴了，并据此给宝宝强行“灌水”，宝宝怎能不反抗？

可见，如果还没有弄清孩子的问题就急着出手解决问题，给孩子乱贴标签，不但不能把问题解决好，还会使孩子滋生委屈、生气等负面情绪，这非常不利于孩子健康性格的培养。所以，管教之前要先洞察孩子行为背后的真正原因。只有查明“真相”，问题才会迎刃而解。

拿以上的例子，我们可以给他们一个较为科学的解决方案：

对于宝宝，父母只要细心观察他前后的变化，就能破解他行为的真正动机，那么只管让他充分地“玩儿水喝”就好了。

这不仅能使宝宝开心，更重要的，这可是个发展宝宝手部运动能力进而刺激其大脑发育的好机会。如果宝宝玩儿着喝得太饱，父母担心撑坏了宝宝的小肚子，那么，只要抓住宝宝爱模仿的天性，妈妈（或爸爸）做出另一个能够吸引宝宝兴趣的动作（如用勺子敲桌子）让他跟着模仿，宝宝自然就会停止喝水转而做其他事情了。

很显然，查明孩子问题真正原因后所采取的管教，和看到问题不分青红皂白就管教相比，对孩子的态度、解决方法、孩子认可上都是有所不同的，相信教育的结果也是天壤之别。

真正的教育，往往淋漓尽致地体现在这些未经雕琢、具有“原生态”特质的细节小事中。因此，希望父母们记住一句话：管教的重点在于解决孩子的问题，而解决孩子问题的重点在于弄清孩子的行为背后有什么真正原因。

点到为智

真正的教育，往往淋漓尽致地体现在这些未经雕琢、具有“原生态”特质的细节小事中。因此，希望父母们记住一句话：管教的重点在于解决孩子的问题，而解决孩子问题的重点在于弄清孩子的行为背后有什么真正原因。

孩子需要宽容的眼光

在对孩子的管教问题上，很多父母常常会陷入两难境地，比如，孩子动手打了别人，作为父母你会怎么处置他？

展开批评说教——孩子很可能会抵赖、找借口，把责任全部推到对方身上，甚至编造一个谎言搪塞、欺骗你。维护自尊心，避免“挨骂”，这是一个人尤其是一个孩子面对批评时本能的自我保护。

发几句牢骚？比如：“这孩子，什么时候学会打人了。”“真让人不省心！”——听多了牢骚的孩子只会把你的话当成耳旁风。

“以牙还牙”，“修理”孩子一顿——“你不准我打人，你为什么却可以打人（我）？”难怪孩子会这样问，这实在是个悖论，不可能让孩子服你。另外，别忘了前面说过，父母肆无忌惮的怒火会造成孩子心灵上难以痊愈的“钉孔”！

对孩子的错误视而不见只管帮他收拾“残局”——第一，孩子从此就把“打人”不当回事儿，变成一个十足的小霸王；第二，父母会在孩子面前失去威严。

难道管也不是，不管也不是吗？到底要不要管？怎样管？著名教育家陶行知的做法让我们茅塞顿开。

四块糖果的故事

这是一则永不过时的故事。

育才小学校长陶行知在校园看到一个男孩王友用泥块砸了自己班上的同学，当即斥止了他，并让他放学后到校长室去一趟。

按照约定时间，王友早早来到校长室门口，准备挨训。没过多久，陶行知来了，他一见王友，出人意料地给了他一块糖果，说道：“你准时来到这里，这块糖奖给你。”王友一时有点儿糊涂。接着，陶行知又掏出第二块糖果递给他，说：“当我叫你住手不要打人时，你立刻住手了，这说明你很尊重我，所以，我要再奖励你一块糖。”王友惊呆了。

“我调查过了，你打那些男生，是因为他们欺负女孩子。你打他们，起码说明你是有正义感的。所以，这块糖也要奖给你。”说着，陶行知向王友递出了第三块糖。

“校长，我错了，再怎么样，我也不该打自己的同学。”伴着惊讶后的感动，王友忍不住哭着说。“你能认识到自己的错误，这块糖果也给你。我的糖给完了，咱们的谈话到此结束吧。”说完，陶行知把最后一块糖递给王友后，便走进了校长室。

轻而易举地让一个闯了祸的孩子心甘情愿地束手就擒，几块小小的糖果会有如此这般的魔力？其实，这股魔力来自随着糖果一起递出的渗透着威严的宽容的力量！

宽容不等于纵容，它并非对孩子的行为视而不见，而是见而不说。虽然不说，却能实现“此处无声胜有声”的效果。它表面无痕，实则有意。在适当的时候对孩子适当地宽容，是一种独特的教育智慧，一种开阔海量的胸怀，同时饱含着一种叫人肃然起敬的威严。

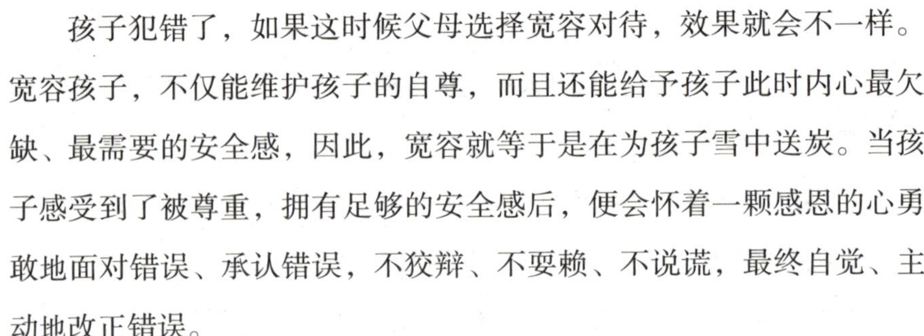

孩子犯错了，如果这时候父母选择宽容对待，效果就会不一样。宽容孩子，不仅能维护孩子的自尊，而且还能给予孩子此时内心最欠缺、最需要的安全感，因此，宽容就等于是在为孩子雪中送炭。当孩子感受到了被尊重，拥有足够的安全感后，便会怀着一颗感恩的心勇敢地面对错误、承认错误，不狡辩、不耍赖、不说谎，最终自觉、主动地改正错误。

如果不依不饶地往孩子伤口上撒盐，孩子出于本能的自我保护就很可能表现出人性“恶”的一面（如狡辩、说谎），那么，为孩子雪中送炭这一抚慰心灵之举无疑能激发出人性“善”的那一面（如敢于面对、承认、改正错误）。无论性“本善”还是“本恶”，相信作为父母，谁都愿意尽可能通过自己的言行让孩子表现出更多的“善”。

同样重要的是，当父母成为具有宽容能力的父母后，这份能力一定还会传承给孩子，从而使孩子也具备善于宽容的涵养和雅量。

前苏联著名的教育家苏霍姆林斯基说过“有时宽容引起的道德震动比惩罚更强烈”。是啊！宽容的爱，能让一个孩子敞开心扉和你沟通，也能让他发生转变！也许这一次的转变将会影响孩子的一生。

宽容不等于纵容，它并非对孩子的行为视而不见，而是见而不说。虽然不说，却能实现“此处无声胜有声”的效果。它表面无痕，实则有意。在适当的时候对孩子适当地宽容，是一种独特的教育智慧，一种开阔海量的胸怀，同时饱含着一种叫人肃然起敬的威严。

喜欢赞美是人的天性

现在很多父母都已经懂得赞美对孩子的益处，但是很多孩子在父母的赞美声中，却渐渐养成了胆小的性格，缺乏自信，此外孩子总是自我感觉良好得没法面对失败和处理挫折。

这是父母对于孩子赞美度的把握还不恰当的原因。因此，学会恰当、正确、适度的赞美，也是父母要学习的重要功课之一。

赞美之词一定要用“到位”

范围太大的赞美，等于没有赞美。在现在这样一个情感表达自由开放的社会里，赞美和接受赞美已经是再普通不过的事，因而赞美往往就失去了它原本该有的强度和适量。

我们先看看以下这两组对话：

妈妈：“嗯，这幅画画得真好！”

妈妈：“嗯，这幅画画得真好！我尤其喜欢这棵大树，你看，叶子画得多好啊，我都能感觉到它们在风中摇曳的样子！我也喜欢你的用色……”

妈妈："最近你表现得不错！"

妈妈："那天在学校里妈妈看见你和同学说话，我觉得真的很骄傲，我听见你问候同学生病的妈妈，我那时就觉得你长大了，将来一定是个能帮助别人的人。"

显然，最后一段话的赞美应该能明确地指出原因，明确地说出令人心生赞美的理由，这对孩子来说，是多么感动和开心的事。这不仅让孩子对自己更有自信，也更愿意继续去实践和完善这个价值。

每个孩子终其一生都或多或少在寻求父母的认同，而这种对父母认同的渴望，在孩子五六岁时就开始发展得尤为明显，所以一定要在这个时候就尽量满足他们。

"到位"的赞美，就是多说些细节，并说出自己的感受

赞美之词流于表面就会让人觉得虚假，但是赞美的话如果都是细节，相信被赞美的人一定发自内心变得开心的。如果称赞一个女人漂亮，你说："你真漂亮啊！"她听了会高兴，但可能会想你只是客套；但是如果你说："你真漂亮啊，尤其是你的眼睛，又黑又亮，睫毛又长，每次我和你说话，都不能不看你的眼睛，它们真是太漂亮了。"

因此，父母要赞美孩子，一定要尽量说出他值得你赞美的细节，也要尽可能多地描述孩子的优点，让孩子知道你为孩子的这些优点感到快乐和骄傲。

赞美一定要适度，而且要"理由充分"

很多父母虽然说会赞美自己的孩子，但是却用得很过度，泛滥的赞美反而成为孩子不敢尝试、裹足不前的绊脚石。

生活中有的孩子起初喜欢弹琴，后来学着学着就不喜欢了；喜欢绘画，学着学着又不喜欢了；喜欢溜旱冰，后来连旱冰鞋都不愿意再碰一下了。而这些孩子在父母口中“真让人操心，做什么、学什么都没有个定性”的原因之一，很可能就是父母过度、没有节制的赞美令他们心生担忧。

此外，希望父母能理解，不能为了赞美孩子就“睁着眼睛说瞎话”，这会带来几个结果：一是孩子心知肚明，你是骗他、哄他的，他由此也就顺着学会了说瞎话来哄人；二是过度赞美让孩子不清楚自己的位置，自我膨胀，不能应付没有赞美时的失败挫折；三是当孩子确实不具备该项能力时，因为父母的赞美，他害怕让父母失望，失去父母的爱，因此可能会焦虑难安，更受挫折。

最好的奖励不是物质上的

孩子表现出令人满意的好的行为，取得了前所未有的显著进步……这些要不要表扬？

相信这时候很多父母都会采用物质奖励。这种物质奖励的办法，在短期内会有一定的效果，比如孩子做事、学习的积极性突然高涨。但从长远来看，物质奖励却是积极、上进、自制等良好性格因素的“克星”。

于是，很多教育者常常疾呼：“对孩子一定慎用物质奖励！”如果一定要奖励孩子的话，不妨选用“代币制”奖励。这种奖励办法的依据是斯金纳的正强化理论，即在孩子有好的表现时，立刻给他一个奖励以使他的行为获得正强化进而持续做下去。

因为这种奖励是非物质的，所以它更多满足的是孩子的荣誉感等精神需求。相信这个极富创意的“代币制”奖励制度会非常好，希望能为父母正确奖励孩子抛砖引玉。

赞美之词流于表面就会让人觉得虚假，但是赞美的话如果都是细节，相信被赞美的人一定发自内心变得开心的。

惩罚不是目的

孩子做错事情，不管当然不行。但是在这个“管”的过程中，很多父母都选择对孩子进行“惩罚”，尤其是不问青红皂白直接责罚，这就不好了！

比如说，孩子把心爱的玩具弄丢了，妈妈得到这个消息不容分说，就对孩子一顿臭骂，甚至给孩子贴上“粗心”、“丢三落四”等具有消极心理暗示作用的标签。

父母的这种做法就在无形中伤害了孩子。因为父母的消极心理暗示与积极心理暗示的“魔力”恰恰相反，它会在无形中让孩子不知不觉地朝着一个坏的方向发展，因为，孩子就是如此，你认为他是什么样的人，他就会成为什么样的人。

因此，关于如何聪明地惩罚孩子，这里给父母们一些建议：

惩罚不要“上纲上线”

若想用惩罚真正达到教育孩子的目的，切忌上纲上线、由事及人。虽然孩子的错误行为应当酌情受到惩罚，但是父母一定要掌握关于惩罚的一个重要原则是“重责其事，轻责其人”。如果动不动就上纲上线，翻老账、揭老底，就事论人而不是就事论事，那么无论多么善意的惩罚都不仅起不到阻止坏行为、让孩子变好的正面作用，而且其造成的后果可能比孩子犯下的错误本身更加严重。

承担后果是最好的处罚

有时候，父母严厉的惩罚不一定能让孩子感到羞愧，其实，不需要做出特别的惩罚，只要让孩子承担行为的后果就可以。因为，对于孩子来说，即便是一件小事，只要冠以处罚的名义，孩子就会非常紧张。比如，很多父母在孩子考试考不好的时候就要惩罚，实际上，对孩子来说，没有考到好成绩就已经是他受到的惩罚了！孩子非常清楚这一点！

再比如，孩子不小心把牛奶打翻了，父母最好的解决方式就是让他承担后果，把撒了的牛奶擦了。

处罚也需要陪伴

即便是惩罚，也需要有父母的陪伴，绝对不要拿亲子关系和爱来做处罚。尤其是对年幼的孩子，在一些事情上是不可以单独受罚的。

比如，5岁的孩子打了别人家的小朋友，这时候父母把他一个人关起来不让吃饭，这时候孩子就会感到孤立无援："为什么父母不听我解释，在需要他们的时候却不管自己？"

显然这是很不科学的惩罚方式。因为亲子关系的远离容易使孩子产生仇视和默然的心理，对孩子以后的性格的形成影响很大。

因此，在此告诫父母：孩子犯错了，就让孩子去面对自己的错误、损失、挫败等这些自然的处罚，你们要做的是陪着他们度过，并且有能力承担或者补偿这些错误、损失、挫败！

虽然很多时候，作为父母都选择对孩子的错事进行惩罚，但是记住一点：处罚不是威胁，更不是唯一的方法。

如果父母经常使用威胁的方式，会让孩子感觉非常愤怒。父母不能因为“你没有满足我这个，我就不满足你那个”，这是报复，而不是沟通！这样只会让问题恶化，得不到解决。

从这点来说，父母选择处罚内容，和强制中的补偿内容遵循同一个原则——承担同一件事情的前因后果，避免把几个问题混在一起。

在世界有名的洛克菲勒家族中，没有处罚只有激励，“孩子做到什么，就可以获得什么”，于是孩子就会往前跑，而不是害怕后面的处罚而往前逃。同样是跑，一个充满了希望和成就，一个充满了担心和不信任。

最后，处罚并不是解决问题的唯一方法。父母可以采用建议式表达。建议式表述如果运用得好，可以减少很多处罚。一个靶手在瞄准靶心的时候射击，“正中靶心”和“不要射到靶外”，后者成功的几率更大。

处罚并不是解决问题的唯一方法。在世界有名的洛克菲勒家族中，没有处罚只有激励，“孩子做到什么，就可以获得什么”，于是孩子就会往前跑，而不是害怕后面的处罚而往前逃。

父母要不要树立权威

父母要不要树立“权威”？

现在很多孩子没大没小，特没礼貌。

有时候，孩子闹野了，太不听话，跟他说理也没有效果。

于是父母会想，这么小的孩子都管不住，父母没威信，将来他还不反了天？

因此，父母在必要的时候，难免打骂孩子——毕竟，我们是爱孩子的呀！

再说，棍棒出孝子，不是中国的古训吗？

“打是亲，骂是爱”，是中国式的教子观念。它强调的是“爱”，是社会长幼有别的思维方式，非常强调父母的权威。

在西方的文明世界里，父母把孩子当成独立的人，而不是附属于父母的私有财产。因此，西方的孩子从小就受到“权利”教育。而人权的起点，就是对“人格尊严”的维护，人人平等。

其实，父母的权威并不是靠单方面的力量就能形成的，它是父母在和孩子相互作用的过程中形成的。因此，父母最好还是不要单方面地、有意识地把所谓父母的“权威”强加在孩子的身上。

威严和威信不能少

成功的父母，除了会恰到好处地彰显威严，还懂得在孩子面前树立威信。威严有余而威信不足的父母，即使从不暴跳如雷、拳脚相加，同样不能令孩子心服口服、心平气和。

那么，你是个有威信的父母吗？对于这个问题，或许你会毫不犹豫地、骄傲地说“是”，或许你会在回忆、思索片刻后有些惭愧地摇摇脑袋，又或许你会因为从没意识过这个问题，暂时还没有头绪，不知如何回答。

一个四口之家，父亲和女儿在客厅里看电视，母亲和儿子在厨房。“砰——”厨房里突然传来清脆的碗落地的声音。

父亲：“你弟弟又闯祸了。”

女儿：“不，是妈妈把碗打碎的。”

父亲：“你怎么知道？”

女儿："因为没有听到妈妈骂人。"

也许类似的事情发生在自己身上，孩子的"顶撞"会把我们气得一塌糊涂，心里咽不下这口气，还得再找个人发发牢骚："现在的孩子，思维太怪异，也不知道他小脑袋里那些乱七八糟的逻辑都是从哪儿学来的。"不过，读过这组对话以后，作为旁观者，我们会不会觉得其实父母的行为是有点荒谬的呢？答案应该是肯定的。

父母把孩子的错误当做"错误"对待，把自己的错误当做"没事儿"对待，孩子不服她，将来很可能自己犯了错表面不敢怎样但心里理直气壮。

简而言之，不以身作则、高高在上、享受特权的父母，孩子就不服；孩子不服，父母就没有威信；父母没有威信，孩子就管不好；孩子管不好，他的性格就不会平和、平静。

是的，生活中如果父母能够分清是非分明，以身作则，不以大压小，教育孩子的同时不放松对自己的要求，在错误面前对人对己一视同仁——这样的父母，在孩子心中怎么可能没有威信呢？

威信就像容纳着宽容的威严一样，也常常有着"无声胜有声"的管教效力。威严和威信一个也不能少，威严加上威信，一定会使父母的管教卓有成效。

成功的父母，除了会恰到好处地彰显威严，还懂得在孩子面前树立威信。威严有余而威信不足的父母，即使从不暴跳如雷、拳脚相加，同样不能令孩子心服口服、心平气和。

批评孩子的大忌，你懂吗?

在孩子的成长过程中，模仿是孩子学习的一种主要方式。于是孩子上幼儿园或是接触外界之后，总会有一些不良的行为出现。在这些行为中，如说粗话、吐痰等都是无意的模仿行为，但如果父母过于紧张地给孩子贴上道德的标签，反而可能会让孩子的问题变得更严重。

遇到这种情况，相信很多父母都会对孩子进行不科学的管教或批评。

夸大式批评或指责，如“你总是这样不听话！”

孩子听到父母说这样的话，总是会想：“我总是怎么样了，我也不是每次都这样了！”或者想：“我这样到底怎么了？”

父母的这句“你总是这样不听话”严重夸大了问题的严重程度，让孩子觉得父母是不公平、不讲道理的人，从而觉得无法与父母沟通，导致孩子喜欢和父母对着干，不愿意承担结果。

父母要想避免对孩子进行夸大式批评或指责，可以采用这样的方式处理：就事论事，不做“频率词汇”（总是，一直、根本等词汇）游戏，不从当下的事情牵扯出过去的其他事情。

大喊大叫，情绪失控式指责

批评孩子，不是父母嗓门越高就越能产生立竿见影的效果。请父母记得一点：声调和结果往往成反比例，并且大喊大叫不仅丧失作为父母的尊严，也会把父母的修养咆哮得无影无踪。

父母要想修正这种错误的批评方式，可以采用这样的方式：跟孩子的表达方式一定要正确，心平气和地批评孩子，才能达到批评的目的。所以，最好管住自己的脾气，让自己息怒。

贴标签或下定义式批评

父母在批评孩子的时候，还要注意不要乱给孩子贴标签或下定义。

父母在管教孩子的时候，尤其是在孩子做错事情的时候，不要给孩子贴上“笨蛋”、“糊涂虫”、“叛逆”、“没有希望了”等消极暗示的标签，因为父母这种对孩子的主观臆断，不仅会丧失父母和孩子讨论问题的机会，而且也丧失了和孩子建立良好关系的机会。

遇到这种问题，父母避免下定义、贴标签的方式，从客观事实出发，用行动和事实说话，奔着共同解决问题的目标和孩子探讨。

喋喋不休的批评引来孩子逆反心理

很多父母，尤其是妈妈对孩子进行批评时，还总是容易陷入“喋喋不休”的批评误区，如“跟你说过多少次了，你怎么就不明白呢？……下次如果再这样，我绝不再给你……”

这样批评的后果，就是父母说得越多，孩子越会把这些话当成耳边风，并且内心十分反感，明着或暗着和父母对着干，身上的毛病可能会有增无减。

针对父母的这种错误批评行为，我们给出相应的修正方法：对孩子的批评要言简意赅，说话要一语中的，而且最好就事论事，绝不拖泥带水。

父母在管教孩子的时候，尤其是在孩子做错事情的时候，不要给孩子贴上“笨蛋”、“糊涂虫”、“叛逆”、“没有希望了”等消极暗示的标签，因为父母这种对孩子的主观臆断，不仅会丧失父母和孩子讨论问题的机会，而且也丧失了和孩子建立良好关系的机会。

跟孩子聊天

现代很多父母反映：孩子都不跟我说话，每次问他话，他都是随便敷衍两句，怎么办啊？

是的，这确实是让许多父母头疼的问题，因为如果孩子不和父母沟通，父母就不知道孩子真实的情况，不仅没法帮助他、引导他，而且也没法让他感受到来自父母的关心和爱意。

事实上，孩子是很愿意和父母谈心的，只是因为父母不懂得如何和孩子聊天，反而把这扇亲子沟通的门给慢慢地关上了。

以下是和孩子聊天时可以用到的几个技巧：

聊天时，少用质问或反诘语气

“练琴了吗？”、“成绩单发了吗？”、“别以为我不知道！”这就是典型的质问和反诘语气，不是聊天应该有的正确方式，而且这类质问式的问句还会引起不必要的矛盾。孩子通常会这么回答：

“练琴了吗？”“练了。”

“成绩单发了吗？”“没有！”

“别以为我不知道！”“我又怎么了？！”

于是，妈妈总是嫌孩子“总是不好好答话”，烦躁而委屈的孩子总是认为“你问的我都回答了啊，还要我怎么样？”于是，父母和孩子的谈话，就这样在双方气鼓鼓和委屈中结束了。

聊天最好从“小处”着手

别问：“今天在学校做了些什么？”要问：“今天营养午餐吃的是什么啊？好不好吃？”

别问：“功课写完了没有？”要问：“今天英语课老师教的什么

啊？”

别问：“今天在学校调皮了吗？”要问：“你们班上最多人喜欢的男生是谁啊？”

别问：“练琴了吗？”要问：“你们班有没有小朋友也学琴啊？他们喜不喜欢练琴啊？”

少用开放式问句，而是从具体的小事情开始进行交谈，这种聊天的开头方式有四个好处：

第一，可以让孩子很容易地就顺着往下回答，不会只是以简短的“有”或“没有”来回复；

第二，它可以提起孩子讨论的兴趣，因为很具体，而且有些说的是别人的八卦；

第三，这样的问话方式，表达了父母的兴趣、关心以及好奇，而不是只需要答案的质问；

第四，这种问话很轻松，孩子不会感到剑拔弩张的压力。

聊天不要急着“纠正”或“否定”

父母和孩子聊天时，很容易控制不住地进入一个模式——立即纠正或立刻否定。其实，并不是孩子难管教或不想和父母说话，而是孩子在说话的过程中，感受不到来自父母的“接纳”，尤其是对他的情绪的接纳。

父母的快速纠正或立刻否定，会让孩子觉得“我”的看法、感受、情绪是无关紧要的，父母重视的只是他们自己的看法，而且还要把这些看法“以大欺小”强加在“我”身上，所以许多孩子就“气”得再也不愿意说出自己的心里话了。

那么，如何纠正父母的这种“纠正”或“否定”的父母呢？在这里建议父母，从表达同理心开始跟孩子进行交谈。

同理心之后，一定要学会倾听

对孩子表示了同理心之后，一旦父母起了个让孩子回答的头，就要学会耐着性子，还有控制自己，允许他自由地把话说完，并且，真正地用心去倾听。

很多时候，孩子更需要的是父母的聆听，而且是在很有安全感之下的聆听，这样孩子才愿意放心地、诚实地说出自己的心里话，我们也才能知道他小小的脑袋里到底想的是什么。

要注意礼貌，不要嘲笑他

小孩子非常敏感，自尊心也非常强，大人只要流露出“好笑”的表情，都有可能被他们解读成“嘲笑”，而让沟通的桥梁断开。所以，如果孩子说出了很幼稚、很令人惊讶甚至担忧的话，一定要学会不动声色地继续听他说完，也要学会控制自己不立刻纠正或斥责，等他全部说完了，聊天也聊完了，再找时间、找方法慢慢地引导他。

通过特殊的聊天方式进行沟通

现在很多父母认为，自己每天工作忙碌得很，孩子也是作业作得写不完，哪有什么时间和孩子聊天呀?

的确，这是一个很常见的社会性现象。为了不影响亲子感情，这里建议父母也可以时尚一点，把要跟孩子说的话，通过电子邮件E-mail或聊天工具QQ或是通过传统的便笺或书信跟孩子沟通，相信这种特殊的沟通或聊天方式，会让父母和孩子之间的沟通或交谈变得不一样!

父母的快速纠正或立刻否定，会让孩子觉得“我”的看法、感受、情绪是无关紧要的，父母重视的只是他们自己的看法，而且还要把这些看法“以大欺小”强加在“我”身上，所以许多孩子就“气”得再也不愿意说出自己的心里话了。

说教不如聆听

很多父母在管教孩子的时候，最擅长“说教”孩子，还为自己的“说教”美其名曰“说服教育”，事实上父母真的能成功对孩子进行说服教育吗？

不要用命令的口吻说教孩子

有时候人的心理非常奇妙，如同那随风摇摆的芦苇一般，受周围环境的影响而起伏不定，变幻莫测。有时，即使是自己原本有意去做的事情，但倘若身边有人对此指手画脚，便会打消我们的积极性，甚至还会产生抵触情绪，令我们对这件事情变得反感。

其实，小孩子也一样，他们也不喜欢别人对自己发号施令或指手画脚。因此，父母在打算与孩子共同完成一件事情或是希望孩子处理某一件事情时，记得要婉转地加以劝导，而不是采用强硬的语气发号施令，最好能够及时给予孩子适当的提醒或是建议，使孩子自觉地做出处理。

话不必多，言多无益

很多时候，父母对于孩子的教育，需要“此时无声胜有声”，这就是说，说教不如聆听。如果父母跟任何一个两岁以上的孩子争吵，那就是在浪费自己的时间，孩子争吵的技巧比你更好，因此父母要做到少说多做，当一个好榜样，而不是一个好的演说家。

父母可以把自己的孩子看成是一支军队里的士兵、一群野生的骡子、一窝爱打瞌睡的小猫；父母不必每件事都亲力亲为，做完之后又弄得满脸沮丧或总是抱怨。

因此，见好就收吧，不要再每天苦口婆心，喋喋不休地对孩子进行灌输了，而是要智慧地管教孩子，那就是：变说教为聆听，变灌输为引导。

小孩子也和大人一样，他们也不喜欢别人对自己发号施令或指手画脚。因此，父母在打算与孩子共同完成一件事情或是希望孩子处理某一件事情时，记得要婉转地加以劝导，而不是采用强硬的语气发号施令，最好能够及时给予孩子适当的提醒或是建议，使孩子自觉地做出处理。

管教孩子，未必都用说的

关爱是无言的教育

关爱孩子，未必都要说出来。很多时候父母无言的爱，比如一个微笑，一个举动都能让孩子感到爱意和满足。

一位名人这样谈到他对孩子的爱："我常常会用又大又暖的毯子裹着我女儿，带她到院子里，让她坐在我的大腿上，我们一起观赏月亮和星星，这对我们俩来说是最美好的时候。"

另外一个教育专家认为，父母管教孩子可以从说教之外别的方式着手，相信会收到很好的效果。比如，父母可以写孩子成长日记，记录孩子成长的点点滴滴；或是有意识地拍下孩子成长中的特殊瞬间，比如获奖或是生日宴会；又或者定期给孩子写一封不用贴邮票的书信，告诉孩子自己的想法或建议等。

又或者在周末或节假日，带孩子到户外走走，或者进行短途旅行，一起散步、放风筝、玩球。相信这些经历对孩子来说，一定是最特殊却最有意义的时间。

管教孩子未必都要"说教"

教育孩子，未必都靠嘴，有时候"书信"和"策略"同样甚至更能达到教育孩子的目的。除此之外，言传应该还有很多其他的方式吧。例如，靠身体语言，包括眼神、动作，给孩子一些暗示，让他明白一些道理，又会收到意想不到的效果。不信试试看！

1.道理能说出来，也能写出来！没错，言传还可以靠"书信"。根据具体情况，有时候"书信"这种比较婉转的言传方式反而比"靠嘴说"这种直截了当的方式更有"杀伤力"、更能打动人心。

2.言传还可以靠“策略”，不传道理只传建议，让孩子先是做到，再在他做到之后反过来自己知“道”。

3.先不讲道理，只告诉孩子怎么做，这种奇妙的言传方式虽然表面传的根本不是道理本身，可实际上，那些需要孩子明白的道理像一阵细雨，早已经润物细无声了，在孩子被爱全心关照的情况下，在孩子做事情的过程中，悄悄滋润着孩子的心田。

关爱孩子，未必都要说出来。很多时候父母无言的爱，比如一个微笑，一个举动都能让孩子感到爱意和满足。

管教孩子，未必都靠嘴，有时候“书信”和“策略”同样甚至更能达到教育孩子的目的。

聪明宝宝成长环境什么样

在孩子的教育问题上，“家庭氛围”是重中之重。父母给孩子营造的氛围应该是：

一个随时随地能读到书的环境；一个可以痛痛快快“摸爬滚打”的环境；一个能够无拘无束畅谈所想的可交流的环境；一个充满理解、鼓励和尊重的环境；一个能够激发兴趣、好奇心和探索欲的环境；一个家庭成员之间感情和睦的环境；一个有以身作则的父母作为榜样的环境。……

家庭，最好的环境

优秀的种子需要肥沃的土壤，聪明的孩子需要良好的环境。下面这个有趣的心理学实验，使我们不难看出环境对于智力发展的重要性。

罗马尼亚孤儿发育过程项目的研究人员证实：那些在条件严重缺乏（如缺乏与成人的交流、恶劣的饮食和缺乏刺激等）环境下长大的孩子，和那些生活在条件丰富的环境中的孩子相比，有较小的、欠活跃的大脑；哈佛大学社会学家们在对芝加哥郊区2000名6～12岁儿童进行的长达7年的调查、分析中发现，在良好环境中成长起来的孩子学习成绩更好，智力水平更高。

相关科学研究还表明，儿童在常规的环境中生活，大脑的各部分神经细胞按一般的速度发育，而若外界的适宜刺激更加频繁、强烈，脑神经细胞的发育速度就会更快，并趋于完善。有人估计，超前教育的儿童到了7岁，他的脑神经细胞可能已经发育了25%，而一般儿童也许只发育了10%。至于那些在贫乏环境中生活的儿童，脑神经的发育就更少。

由此可见，好的成长环境对培养聪明孩子的作用多么重要，因此，给孩子创造一个好的成长环境事关重大。

有利于孩子成长的好环境什么样

家庭扮演的环境角色对孩子的成长，尤其是对智力发展的作用举足轻重。这个环境绝不是指简单地用钱包装出来的环境，而是用“心”营造的环境。

不论家庭的经济状况如何，有“心”的父母都能给孩子一个无比“优越”的环境：

一个随时随地能读到书的环境——没有书，孩子无法步入知识的殿堂；

一个可以痛痛快快“摸爬滚打”的环境——没有活动的身体，就没有活跃的大脑；

一个能够无拘无束畅谈所想的可交流的环境——没有交流，孩子不仅会变得沉默，而且会变得木讷；

一个充满理解、鼓励和尊重的环境——没有理解、鼓励和尊重，孩子不会具备快乐、自信这些宝贵的性格因素，并有可能成为断送成功的“致命因素”；

一个能够激发兴趣、好奇心和探索欲的环境——没有兴趣、好奇心和探索欲，孩子注定一事无成；

一个家庭成员间感情和睦的环境——没有温馨、和睦的家庭氛围，孩子的智力发展会失去安全、积极、健康的心理保障；

一个有以身作则的父母作为榜样的环境——不爱动脑、不好读书、不求甚解的父母，不可能培养出才思敏捷的聪明孩子；

……

有首歌唱得好：“丢下一粒籽，发了一棵芽。”没有哪一粒正常种子是不会发芽的，那些没有发芽的种子只因丢错了土壤。培养一个聪明孩子就像栽培种子，种子需要山坡、需要田野、需要草原……而各有所长、天生具有创造力、智力发展蒸蒸日上的孩子比任何一粒种子都需要更富饶、更广阔、更包容的土壤，从而使各种智力、创造力以及兴趣、自信等，得以发芽、长大。

俗话说得好“孩子是父母的一面镜子”，因此，在孩子的教育问题上，“家庭氛围”可谓是重中之重。从现在起，给孩子营造一个适合他成长的家庭氛围吧，这样孩子才能更聪明，更茁壮成长。

优秀的种子需要肥沃的土壤，聪明的孩子需要良好的环境。因此，在孩子的教育问题上，“家庭氛围”可谓是重中之重。

和谐的家让孩子更阳光

家，是孩子成长的摇篮，孩子的性格是乐观开朗还是抑郁沉闷，首先在于家里的父母能为他营造一个什么样的家庭环境。

对于孩子，父母就是他的天，他对世界的认识，他的幸福感、安全感都是父母给的。诚然，大人的世界有大人的规则，有时的确无法摆脱命运的捉弄，掌控不了所有的事情，但有一样东西却是可以掌控的，那就是对孩子责无旁贷、永不褪色的爱。这份爱总能激发出智慧，从而给孩子创造一份和谐和宁静。

禁止在孩子面前上演家庭暴力

世界上有从不争吵的夫妻吗？答案当然是否定的。即便是形影不离的“鸳鸯夫妇”又岂会没有闹矛盾的时候呢。虽然说相处久了，夫妻之间难免会发生一些口角，但切记千万不要在孩子面前争执。看着父母“张牙舞爪”相互谩骂，孩子便会陷入一种极度不安与恐惧当中，这最终会使孩子产生严重的负面情绪，进而引起各种不良后果。

据调查，在父母关系紧张的家庭环境中成长的儿童与和谐家庭中的孩子相比，两者存在极其明显的差异。例如，前者大多具有个子长不高、经常尿裤子、咬指甲、情绪容易激动、有暴力倾向等特征。

即使在大人看来只是微不足道的小事，也极有可能对成长中的孩子性格及品行发展产生巨大影响，严重时还会使孩子出现暴力倾向或沟通恐惧症，因此，夫妻间的矛盾要尽量以对话的方式进行解决，即便忍无可忍也绝不要在孩子面前争吵、谩骂或厮打。

和谐的家庭氛围什么样

相信很多父母都已经意识到和谐家庭对孩子成长的重要性，那么和谐家庭氛围应该是什么样的呢？具体地说，用心经营家，我们每一个家庭成员都应当具有“三心”。

要有爱心

“爱”是人世间最美丽的情感，“爱着”与“被爱着”既是幸福快乐、也是沉甸甸的责任。我们都爱父母、配偶、子女和兄弟姐妹，但和谐家庭下的父爱和母爱，则不应参有父母对子女的过度溺爱和过度纵容，也不应充斥对孩子恨铁不成钢的呵斥和打骂，夫妻之间更不应有不信任的互相猜疑和吵闹。正确的爱不仅是维持家庭成员前进和发展的精神动力，也是建立亲密无间、和谐关系的基础。

要有包容心

家庭是社会的细胞，每个人在工作或其他活动中都会产生这样那样的问题，犯这样那样的错误，这些问题和错误处理不好，就会成为破坏家庭和谐的大敌。因此，要使家庭充满祥和与快乐，就一定要学会包容和理解，少一点猜疑、嫉妒和埋怨，多一点体谅、体贴和宽容，这样，家人之间就能和谐相处，宽容相待。这样，幸福才属于这个家庭。

要有责任心

我们每个人在家庭中都担任着不同的角色，负有不同的责任。对婚姻而言，要好好爱自己的另一半，相依相扶，白头到老。对孩子而言，要好好教养他们，当好他们的第一任老师。对整个家庭而言，就是要善待家庭中的每一个成员，用一颗善良的心、宽容的心去温暖他们，只要我们都能承担好自己在家庭中应尽的责任，每一个家庭成员就能得到快乐和幸福。

每个孩子都是上帝恩赐给父母独一无二的礼物，因此，一个温馨和谐的家庭，每个孩子都值得拥有！每个父母都为孩子不顾一切地付出了全部，所以，一个健康开朗的孩子，每个家庭都值得拥有！

如果你已经有了一个温馨和谐的家庭，那么，就和你的孩子一起，充分享受这份和谐；如果你正遭遇着挫折和磨难，孩子的成长环境正面临着“不和谐”因素的威胁，那么就要记住，没有比离婚更难办的事，更没有比战争可怕的事，所以，请一定用爱激发出智慧，用智慧创造出和谐！

在父母关系紧张的家庭环境中成长的儿童与和谐家庭中的孩子相比，两者存在极其明显的差异。例如，前者大多具有个子长不高、经常尿裤子、咬指甲、情绪容易激动、有暴力倾向等特征。

父母双方的角色都要正确

在家庭教育中，父母往往扮演不同的角色，同时父母的角色都正确。

据统计，在几种错误的家教方式中，唠叨式、数落式、训斥式、打骂式是孩子的母亲常用的教育方式；而溺爱式、达标式、包办式是孩子的父亲最常见的教育方式。

当然也不尽然，很多父母对孩子的家教方式就比较科学，而且父母的角色定位和分工就很明确。

父母的职责与角色分工

真正的爱和教育，不是牺牲一方，成就另一方，而是双方共同成长。因此那些爸爸主外而不顾内的家庭中，要知道这只是爸爸竭尽所能地养妻养子的一个家庭。一项调查显示，儿时与爸爸一起洗澡的孩子长大后，其社交能力要远远好于其他孩子。

与孩子绝对不能缺少妈妈一样，爸爸的存在对孩子的教育来说也是不可或缺的。因为孩子既需要妈妈小心谨慎地温柔呵护，也需要爸爸勇敢、果断的风格为其做表率。

在家庭教育中，说父母的角色要有分工，并不要求每对父母行为上完全相同，而是提倡父母之间有分有合，分工合作。有个三口之家，在家庭教育中，就是先统一家庭教育的观念，然后进行大致分工。父亲侧重孩子的智育、美育、心育；母亲侧重孩子德育、体育和劳育。结果非常成功，孩子既品德高尚，又学习优秀。

教育观念、目标要一致

一个好家庭，父母在家庭教育的观念上应该基本一致。如果父母之间意见不一致，要求就不会统一：有人管，有人护，甚至父母之间争吵打骂，在这种情况下，孩子无法形成正确的是非观念和行为习惯，也就把父母的话当儿戏。

家庭的规矩应该是一致的，这个规矩家中每人必须遵守。

父母对孩子的要求前后一致。如果做不到这一点，或父母自身言行矛盾，或父母要求孩子做到的却连自己都做不到，就都不可能进行成功的家庭教育，反而会造成孩子的许多心理和行为问题。

父母的家庭教育目标应当一致。母亲是大地，父亲是天空，让孩子脚踏沃土，头顶蓝天，顶天立地，健康自信地成长。孩子是鲜活的生命，孩子是盛开的奇迹。教育孩子要用百分之百的态度来对待，但是不要祈求太多回报。

父母一般各有特长，有各自的风格，父母家庭教育观念的统一并不妨碍在家庭教育方面的分工。在其他人都下了投资的地方去投资，你是不会发财的。就是说，如果无特色，那就无优势。比如祖父母和父母优势不一样，老一代的人可能闲暇时间多；年轻一代的人可能观念新。又比如，父亲和母亲优势不一样，父亲可能文化程度高一些，更有新意；母亲可能生活经验多一些，更加细致周到。

总之，父母在家庭教育中的角色虽然可以有差异，但是基本角色应该正确。父母角色最重要的作用是帮助孩子养成良好的学习习惯、思考习惯和生活习惯，这个任务只有跟孩子朝夕相处的父母才能胜任。

父母家庭教育目标应当一致。母亲是大地，父亲是天空，让孩子脚踏沃土，头顶蓝天，顶天立地，健康自信地成长。孩子是鲜活的生命，孩子是盛开的奇迹。

父母一般各有特长，有各自的风格，父母家庭教育观念的统一并不妨碍在家庭教育方面的分工。

不可忽视的力量——快乐

在中国这个特殊的教育环境中，如何能给孩子提供一个既宽松又快乐的学习环境，正是父母需要认真考虑的一个事情。

快乐是人精神上的一种愉悦，是一种心灵上的满足，它会使一个人变得开心。快乐其实很简单，就是我们时刻保持一个积极乐观的心态去面对周围的人和事。因此，对孩子来说，在成长过程中，快乐是不可忽视的精神力量。

如何才能让孩子在快乐的氛围中成长呢？专家研究发现，快乐的孩子通常都有如下一些共同特点：乐观的世界观，亲密的家庭关系，善解人意，众多好友，坚信自己的人生有意义等。

温馨的家是快乐的田园

把家变得更温馨，看来是个小问题，但对孩子而言，这却是快乐的源泉。井井有条、舒适安乐、相敬如宾、快乐祥和的家会给孩子带来平和与满足。

同时，重视传统佳节、生日宴会也是带给孩子快乐的一个环节。一起庆祝生日或节日，包饺子、放鞭炮，切蛋糕、吹蜡烛，这些环节都赋予孩子生活的意义，加强家庭成员之间的感情，教给孩子“长久”的含义。

此外，每个周末全家外出晚餐，每个月末全家一起看一场儿童电影等，这些熟悉而亲密的传统习惯会带给孩子强烈的安全感。

快乐是一种爱心

积极参加社会活动，让孩子从中感受到爱，体验到奉献的快乐。专家研究还表明，奉献和快乐之间有着密切的关联。让孩子参加社区大扫除，或是探视社区孤老，即使是幼儿也会从中发掘付出的快乐。

快乐的学习心态

孩子就像一根弹簧，给他的压力越大，他的反弹力越大，随着孩子年龄增加，逆反心也越强！因此，培养孩子正确的学习心态，让孩子做一些力所能及的事情，千万不要拔苗助长。因此，父母就更需要真正地去关“心”孩子，了解孩子的内心世界。努力地营造一个宽松快乐的学习环境，让孩子在快乐的环境下成长才是教育的根本！

兴趣爱好带来长久的快乐

研究发现，全身心投入到一项充满挑战的任务中，会给人带来很大的快乐。对于孩子而言，培养他的兴趣爱好，让他全身心投入其中，可以开发孩子的智力，更能让孩子学会投入的快乐。

吃得开心可以更健康

孩子的健康成长离不开科学的饮食配备。因此，父母要注意饮食健康和饮食习惯，并要为孩子及早建立正确的饮食习惯，全家一起做饭，一起用餐，选择健康营养的食物本身就是制造健康。

运动的感觉很快乐

运动是一种生命形式，运动的人不仅更健康，而且更快乐。因此，经常参加体育运动不仅有助于孩子的身体健康，还有助于孩子的心理健康。健康强壮、体力充沛能带给孩子良好的自我感觉，让孩子快乐。另外，对孩子来说，跑、跳、游泳、骑车等体育运动本身就十分有趣，而这不就是快乐的源泉吗？

快乐是一种能力，快乐是一种态度，快乐是一种智慧。最后请相信一句话，聪明的宝宝一定是快乐的。反之，快乐的孩子也是聪明的。

专家研究发现，快乐的孩子通常都有如下一些共同特点：乐观的世界观，亲密的家庭关系，善解人意，众多好友，坚信自己的人生有意义等。

分享孩子的喜悦

孩子的成长过程，也是父母的重要回忆。孩子开始就读幼儿园或小学时，每逢母亲节或母亲的生日，都会期望自己制作礼物送给亲爱的母亲。但由于技术和智能不够成熟，所以成品大多不适用，而令父母困惑不已。

但是，如果母亲仍欣喜万分地收下那份礼物。而且还告诉女儿说：“你织的毛线真有技巧，我好高兴。”母亲高兴的是——不久前仍要包尿布睡觉的女儿竟已成长如此，因此应该称赞说：“你能做出这样的作品，很快也能做出更好的成品，以后可以和妈妈一起织围巾和花瓶垫”，并十分珍惜地把礼物收起来。

因此，快乐在于分享，不能分享的快乐是痛苦的。有这样一个故事：

一位犹太教的长老酷爱打高尔夫球。在一个安息日，他觉得手痒，很想去挥杆，但犹太教义规定，信徒在安息日必须休息，什么事都不能做。

这位长老终于忍不住，决定偷偷去高尔夫球场，想着打9个洞就好了。

由于安息日犹太教徒都不会出门，球场上一个人也没有，因此长老觉得不会有人知道他违反规定。然而，当长老在打第2洞时，却被天使发现了。

天使生气地到上帝面前告状，说有位长老不守教义，居然在安息日出门打高尔夫球。上帝听了，就跟天使说，会好好惩罚这个长老。

第3个洞开始，长老打出超完美的成绩，几乎都是一杆进洞，长老兴奋莫名。到打第7个洞时，天使又跑去找上帝："上帝呀，你不是要惩罚他吗？为何还不见有惩罚？"上帝说："我已经在惩罚他了。"

打完第9个洞，长老还是一杆进洞。可能觉得太神了，长老于是决定再打9个洞。天使又去找上帝："到底惩罚在那里？"上帝只是笑而不答。

打完18洞，成绩比任何一位世界级的高尔夫球手都优秀，把长老乐坏了。天使很不满，去向上帝置疑："上帝啊，他做了错事，为什么不惩罚他，还要给他更好的成绩和收获，这是为什么？"

上帝说："你想想，他有这么惊人的成绩以及兴奋的心情，却不能跟任何人说，这不是最好的惩罚吗？生活需要伴侣，快乐和痛苦都要有人分享。没有人分享的人生，无论面对的是快乐还是痛苦，都是一种惩罚。"

一个人的快乐没有人分享和祝福，就成为相对的痛苦。

同样，孩子的快乐和喜悦也需要分享和祝福，因为如果父母没有足够的分享和认同，那么孩子的收获越大，痛苦就越大。

当孩子满心欢喜地向父母诉说自己值得夸奖的事情时，作为父母的你是什么态度呢？作为父母的你是在分享他的快乐，还是在监督和评论他的表现？

相信很多父母的答案都是：赞美，或者赞美加感谢，又或者赞美、感谢再加鼓励。这就够了吗？的确，生活中似乎我们经常面对赞美、感谢和鼓励，然而作为父母，怎样表达你的这份赞美、感谢、鼓励，从而对孩子的正面教育效果才更好呢？

针对以上这个困惑，有关教育专家总结出了一个方法，那就是完整的推进式表达，表达出父母对孩子喜悦的真诚祝愿、真挚感受和真心期待。

完整的推进式表述技巧包括了3项内容：

1.说出孩子的具体、真实的行为。

2.表明自己的感受，而不是评价孩子。

3.如果是感谢，还要说出对方行为对自己的真实影响。

和完整的推进式表述相比，对孩子的喜悦进行笼统的肯定，只能让孩子处在一个猜测的地位，并不便于信息的有效传递。一个简单的“好”，是父母按照单方的感受来评价好坏，自然让孩子不知道怎么把自己的问题说出来了。

因此，父母要说出具体的事件或者孩子的行为，孩子就会更加清楚父母的意图，知道他怎么样做是父母能接受的、喜欢的，于是出于彼此的关爱，孩子就会为父母主动地付出。

不用非等到孩子做错的时候再告诉他，当他做对的时候就直接告诉他，“这就是我要的”，这样孩子也很有成就感，下一次还愿意这样做。

此外，父母要寻找亲子间共同的喜悦，考试成绩好、比赛得奖都不是最重要的，而是在日常生活中的芝麻小事，找出亲子共同的喜悦，这是让孩子喜欢自己的重要契机。

分享喜悦就是能够分享事情本身，也就是亲子站在同等的立场，尊重孩子。孩子因受到尊重而感到高兴且喜欢自己。这种分享和夸奖，对孩子而言具有不同的意义。如果仅是夸奖，孩子会为了夸奖才再做同样的事情。也就是说，孩子原本是为了父母的“喜悦”才做，却换成为了父母的“夸奖”才做的不同目的。

因此，父母必须能够由衷地寻找出孩子的优点才行。为此，父母务必先在自己身上找出优点，并为这个优点感到喜悦。如果连自己都找不到自己的优点，那更不可能找出孩子的优点。

父母要寻找亲子间共同的喜悦，考试成绩好、比赛得奖都不是最重要的，而是在日常生活中的芝麻小事，找出亲子共同的喜悦，这是让孩子喜欢自己的重要契机。

分享喜悦就是能够分享事情本身。也就是亲子站在同等的立场，尊重孩子。孩子因受到尊重而感到高兴且喜欢自己。

交换与平等

在对孩子进行家庭教育的过程中，情感的互动是最重要的要素之一。而情感的互动中，除了父母经常说的沟通之外，还有另外两项要素是为人父母经常忽略的，那就是：交换和平等。

父母与孩子交换，对孩子成长的作用很重要，父母与孩子的交换能够影响孩子的智力和人品的成长。美国生理学有一项研究表明，儿童期智力成长的首要环境是家庭环境，包括家庭的物质环境和精神环境，其中亲子之间的交换状态是家庭精神环境的一个重要层面。

父母与孩子之间的交换有助于父母全面认识自己的孩子，按照孩子的特点来成就孩子。孩子巴望与父母交换，他们往往会在与父母的会谈中道出自己的各类经验。如果父母能静下心来聆听孩子的诉说，就会对孩子的本性、交友和服务有个清晰的认识，在教诲和指导孩子时就对照容易，而且也有效得多了。

父母与孩子之间的交换有助于加强两代人之间的彼此理解。理解能促进孩子的心理和生理健康，能使孩子熏染到家庭成员之间的相亲相爱，体验到家庭的温馨，他就会产生一种与人交流的信赖感和安适感，这种早期的体验对他的成长有积极的意义。

在父母和孩子的交换过程中，给父母三个建议：

1.谈话时父母就某一问题和孩子交换意见，使孩子明白一个道理，解决某一问题的方式。谈话过程中要培养孩子解决问题的能力和习惯，特别要鼓励孩子敢于发表不同的意见，敢于坚持真理，勇于修正错误。

谈话过程中要有感情交流。要和孩子同欢乐，使谈话达到说理与情感交融在一起，切忌简单粗暴，不要把谈话变成训斥，更不要没问题不谈话，将谈话变成孩子的检讨。

2.听孩子谈话要专一。一个好的聆听者，必须集中精力，选择一天不忙的时刻，听孩子措辞。在这个时刻，不要做饭、烫衣服和做其他一些家务，关掉电视和电话及其他分心的事，用眼睛注视着孩子，倾听孩子的交谈，并且父母要学会向孩子暗示“我在认真聆听”。

3.讨论中父母必须以民主、平等的身份和孩子讨论问题，不可居高临下，总想以自己的认识下结论，逼孩子接受，而要循循善诱，以理服人。要放下架子，允许并鼓励孩子反驳父母的意见，如果孩子有理，父母就要服从。孩子也可以保留意见，哪怕孩子是错的父母也要耐心听完，然后加以引导。

总之，耐心地对待孩子，不仅关注他们的健康和智力发展，也要帮助孩子塑造良好的个性。因为这同样是孩子一生受益的财富。

讨论中父母必须以民主、平等的身份和孩子讨论问题，不可居高临下，总想以自己的认识下结论，逼孩子接受，必须循循善诱，以理服人。要放下架子，允许并鼓励孩子反驳父母的意见，如果孩子有理，父母就要服从。

弯下腰教育

有个美国客人来中国北京一个朋友家玩，在吃饭的过程中发生了一件有趣的事情。

中国父母面对不好好吃饭的5岁孩子，一下子火了，直接站起来，提着孩子的耳朵责骂："给你准备这么好吃的东西，你竟然还不好好吃饭，现在非要闹着看电视，真是又该揍了！"说着这话，孩子的妈妈抬手就是一巴掌打向了孩子。

美国客人面对这突如其来的家庭战争，回想起这个刚才还"温柔贤惠"地给自己夹菜的女主人，一下子变得目瞪口呆起来。

显然，这个美国客人被中国父母教育孩子的方式吓到了。因为他深知：在美国，父母们认为，除营养和知识以外，孩子们更需要的是尊重。他们的尊重体现在日常生活的点点滴滴中，他们从不高高在上训话。因为美国父母深知：从孩子出生那天起就是一个独立的个体，有着自己的意愿和个性。

相比较而言，中国的父母在教育孩子的问题上，是不是应该向美国父母学习一点什么呢？针对管教孩子这个问题，父母们是时候改变一下了，孩子需要你弯下腰教育。

弯下腰教育，其实很简单，弯下腰、蹲下来说话，不要高高在上训话。

弯下腰跟孩子说话

孩子就是孩子，在他们幼小的心灵里，需要父母给予关爱的同时，更需要父母给予的平等环境，而这个平等环境就需要父母弯下腰来跟孩子作亲子互动。有时候，父母弯下腰来，哪怕不说话，只要弯下腰、蹲下来、坐下来，抱着孩子、看着孩子的眼睛、拉着孩子的小手、搂孩子的肩、摸摸孩子的头发，听孩子说话，就这么简单！

因此，那些智慧的父母总是很讲究对孩子说话的口气和方法，孩子同父母讲话，父母不但要认真听，而且有时应蹲下来与之对话，使对方感到你在尊重他，并可避免孩子受伤害、受刺激的感觉。

不高高在上训话

在任何情况下和孩子讲话，父母都不要高高在上，而是要平等地与孩子交流。当孩子不肯吃饭时，智慧的父母从不硬逼，他们不会命令孩子说：“快吃！”而是像这样婉转地说：“你看萝卜馅饼在等着你，你不吃它，它有点不高兴了。”

孩子做错了事，父母绝不动辄指责孩子，而是说；“我想你不是有意的，下次就不会这样做了。”如果孩子要换衣服，也请不要用命令的口吻说：“穿上这件白的！”而是以商量的口气说：“你看穿这件白的好呢，还是穿另一件黄的好呢？”

尊重孩子的选择

弯下腰教育，本质是听从孩子内心的真实想法，尊重孩子的选择，而不横加干涉。

我们中国的父母，最容易犯的错误就是：把自己的喜好强加在孩子身上，哪怕是很细微的身边的小事情也要替孩子做主。

尊重孩子的选择，就是父母一定要重视给孩子选择的权利，即使是一些小事。如带孩子外出串门时，如果主人拿出什么东西给孩子，美国父母不会像大多数中国父母那样，提早替孩子回答“他不吃”、“他不要”、“他吃过了”、“他不爱吃”等，而是由孩子自己做主要还是不要。当孩子稍微表示自己想要的意思时，更不会遭到父母的呵斥。他们认为，孩子想要什么或者想吃什么本身并没有错，这是孩子天然的需求，任何人都没有理由去指责。

当然，这并不意味着孩子的需要应一概满足，对于主人没有主动提供的东西而孩子又想要，父母一般会在适当的时候作出解释和说明，告诉孩子为什么有些东西不能要或不能吃。

比如，当孩子想要主人家珍贵的玩物时，父母就会告诉孩子每个人都有自己喜爱的东西，我们不能因为自己的需求而不顾别人的感受，从而教孩子明白为人处世的道理。

孩子就是孩子，在他们幼小的心灵里，需要父母给予关爱的同时，更需要父母给予的平等环境，而这个平等环境就需要父母弯下腰来跟孩子作亲子互动。

在任何情况下和孩子讲话，父母都不要高高在上，而是要平等地与孩子交流。

弯下腰教育，本质是听从孩子内心的真实想法，尊重孩子的选择，而不横加干涉。

教育孩子，一种声音就够

现在一个大家庭中，通常包含祖孙三代人，因此在对孩子教育的过程中，往往会出现祖辈和父辈对孩子的教育理念、方法上有重大分歧。

然而，在对待孩子的教育问题上，只允许有一种价值观，一种声音，一个权威，那么究竟谁才是教育孩子的权威呢？

教育研究人员认为，在教育孩子的问题上，祖辈最好的定位应该是“当好称职配角”。这是因为，祖辈对孙辈的教育不应该也不可能取代父辈的教育。父母与孩子是以血缘为纽带的亲子关系；而孩子对父母的依恋感和从父母那里得到的安全感是谁也取代不了的。

然而，祖辈喜欢参与到对孩子的教育中，并不意味着父母的主要责任因此可以豁免，那么如何协调祖辈和父辈，婆婆和媳妇之间的教子问题呢？

教育孩子时，最起码大家的教育原则和目的要一致，同时教育态度也要一致。如果大人对孩子管教的方法有分歧，心思细腻的孩子会马上捕捉到，并且会好好加以利用。

如果这个分歧出现在婆媳之间，那么原本就“暗暗较劲”的两方，对于管教主权的争夺就需要智慧去调解了。不过好在尽管婆媳之间存在较量，但是出于对孩子共同的爱和期望，一些管教上的分歧，只要处理得当，还是可以轻松化解的。

在化解分歧的时候，首先，作为晚辈的儿媳，于情于理，都要承担比较多的情绪责任，并跨出和解的第一步。虽然她才是孩子的母亲，但是同时也是孩子的表率，如果在和婆婆的关系中表现出不尊敬长辈、不懂事的言行举止，那么孩子“有样学样”，将来也会这么对待自己的母亲。

婆媳教子分析的解决方法

如何和婆婆达成管教孩子的共识呢？

以下的对话，无论是语气还是方式，是应该禁止的：

“妈，您不能这么管孩子！”（这是居高临下地管教婆婆，婆婆为了面子，也会维护权威，还会说：“我就是这么把儿子养大的，他现在怎么了，不是很好吗？”）

“妈，那天电视上不是说了吗，不能由着他吃这么多零食，您怎么又忘了呢？”（这是自上对下的诘问，是指责，是怪罪。婆婆听了，即便自己知道理亏，也会为了面子而不承认。）

以下这些方式和语气是应该提倡的：

“妈，我们是不是讨论一下，最好能定出一个共同的方法来！”（这个说法，无关管教，这是一种为下一代共同的利益着想，是理性的，不含挑衅的。）

“妈，宝宝这两天老说肚子疼，我看可能得少吃零食了！”（这是陈述事实，不带情绪，没有怪罪，只是就事论事。）

因此，和婆婆达成管教的共识得注意以下几点：

1.如上所述，就事论事，不诘问，不指责，不怪罪。

2.先巧妙地满足她的虚荣心，然后再提出问题。

3.要记住，我们的方法不一定都是正确的，看似落伍的老人家的方法，不一定都是错误的。

4.不要敏感而情绪化地对号入座。

5.跟婆婆的管教共识问题，不要把丈夫牵扯进来。

6.如果确定自己的管教方法是正确的，也需要经过实践证实这一点，可以适当地据理力争，来为孩子争取到最好的教养环境。

点到为智

教育孩子时，最起码大家的教育原则和目的要一致，同时教育态度也要一致。如果大人对管教的看法有分歧，心思细腻的孩子会马上捕捉到，并且会好好加以利用。

在化解分歧的时候，作为晚辈的儿媳，于情于理，都要承担比较多的情绪责任，并跨出和解的第一步。

接纳孩子，发现他的闪光点

每个孩子都有自己的个性，而在成长的不同阶段更有不同的行为方式。

父母要正视孩子的安全感、自我意识、认知模式、社会交往、规则规范等天性，学会接纳孩子。从某种程度上说，父母的接纳，会奠定孩子一生的幸福。

不必追求完美

我们每个人都会犯错，孩子也不例外，因为每个人都不完美，孩子也一样。因此在教育孩子的过程中，作为父母，对孩子的要求不能一味追求完美。

生活中，以下的教子片段屡见不鲜：

每当孩子犯错之后，父母轻则一番痛心疾首地指责："你这个孩子怎么这样啊？人家孩子都那么乖，你却怎么老是教不好的呢？小错天天有，大错常不断，你真是个坏孩子啊？你真给父母丢脸啊！我们真后悔把你生出来啊！"重则一番惩罚和打骂，让孩子幼小的身心饱受摧残。

试问，这些做法真的是为了孩子好吗？

作为父母，应该意识到，孩子犯错误是一件极其正常的事情，如果活泼好动的孩子一丁点错误也不犯，那么我们的孩子就是神童，根本不用教育。事实上，我们的孩子不是神童，他们常常会犯错。

因此，父母在针对孩子犯错时，要将这些错误区别对待，而不要将孩子的任何错误都上纲上线，唠叨不休。

孩子的错误通常分为两种。一种是长辈必须予以立即纠正的，如不讲卫生，欺负弱小，不懂得爱护公物等；另一种是孩子能够自己纠正的，比如如何适应环境、生活、挫折等，对于这样的"错误"，父母应该鼓励孩子去犯。

孩子需要通过"犯错"来成长

正如失败是成功之母一样，孩子在成长的过程中不断"犯错"，往往是为了改正错误，不断进步，从而自我成长和完善。假如父母不给孩子提供犯错的机会，孩子就会变得懒惰，不敢尝试，或依赖于父母。更重要的是，孩子不犯错就不知道什么才是错，也不会知道改正错误的方法，以及为什么要改正错误的道理。

或许，“鼓励孩子犯错”的观点会受到大多数父母的反对，因为这个观点他们会觉得不可理喻。其实，鼓励只是一种手段，培养孩子的“悟性”才是真正的目的。研究发现，很多儿童的悟性都是从错误中得来的，这与“吃一堑、长一智”的道理是一样的。值得提醒的一点是，这里所说的“错误”并不是指违法乱纪等原则性的错误，而是孩子在求知过程中因认知能力的稚嫩导致的失败、经受的挫折和多走的弯路。

每一位父母都希望自己的孩子优秀、聪明，十全十美，希望孩子永远是个乖巧听话、不犯错的孩子。然而，这样的愿望是美好的，充满爱意的，也是错误的，自私的。父母在养育孩子的过程中切勿以个人的喜好左右孩子的成长，应该以孩子的成长需要为根本，辅助他们身心的发展和统一。每一个孩子都应该在孩提时代多犯一些错误，父母对此应该抱着宽容的态度，小时候犯错是为了保证孩子在踏上社会后少犯致命的错误。

孩子犯错时，需要父母积极的引导

事实上，当孩子一开始犯错的时候，如果他们知道自己做错了，也会努力地想要改正呢。只是因为在孩子的成长过程中没有太多经验，遇到一些从未发生的事情之后，他们在新事物面前总会表现出不知所措。孩子带着想要把事情做好的愿望，却不知道该怎么做、该怎么处理。这个时候，孩子会出自本能地保护自己，很可能会因此采取一些不正当的措施，从而把本想处理好的事情给办坏了，甚至伤害了他人。

遇到这样的情况，父母应该分析原因，帮助或指引孩子找到正确的做法。如果只是一味地批评和指责孩子，只会让他们失去信心，从心眼儿里认定自己是一个坏孩子，认为永远也改不好了。这样一来，那些品行良好的孩子无端地被父母定性为坏孩子，这样一个个坏孩子真的就诞生了。

孩子“犯错”体现可塑性

孩提时代是一个人最美好的时光，是儿童最容易接受教育也最具可塑性的时代。父母应该抓住这个黄金时段，在思想上正确地引导孩子，同时也要允许孩子去犯一些错误。孩子犯错并不是件坏事，某种程度上来说是一件好事。孩子犯错是因为他的无知，父母刚好可以抓住这样的契机好好地教育他，这种教育对他将来踏上社会后不犯同样错误是绝对有帮助的。

父母首先弄明白孩子犯错之后，再找机会和孩子沟通，沟通的过程中尽量心平气和，要“动之以情，晓之以理”。慢慢地，孩子学会了做人与做事，也能够健康自信地成长了。父母需要做的是如何将孩子“犯错”过程中的不利的、消极的因素转化为有利的、积极的、合情合理的因素。但不能放任孩子犯错，视而不见或置之不理；但也不能时刻规范孩子的言行，决不允许孩子犯错。这两种做法都是极端而错误的。要记住父母是孩子的第一位老师，父母的一言一行对孩子都是一种无声的教育。

一对美国父母看着孩子正在错误百出地做游戏，却坦然地作壁上观。有人问他们为什么不指点一下孩子，他们说：“不能啊！犯错误也没啥，他们的悟性都要从错误中得来。这么快就告诉他们，生活还有什么乐趣？”

孩子在错误中才能进步，在体验中才会成长，在成长中才能成才。因此，父母给孩子尝试、体验“犯错”的时间或空间，就是在帮助孩子变得更聪明，从而更快更早地成才。

孩子的错误通常分为两种。一种是长辈必须予以立即纠正的，如不讲卫生，欺负弱小，不懂得爱护公物等；另一种是孩子能够自己纠正的，比如如何适应环境、生活、挫折等，对于这样的“错误”，父母应该鼓励孩子去犯。

大胆去玩自己的吧

说到让孩子尽情玩，估计我们中国的父母十有八九都会很不乐意，因为他们大都认为：让孩子尽情玩、大胆玩是荒废孩子的学业和时间，孩子要想聪明就一定要多学习。

实事上，从表面来说，让孩子天天玩好像就没有时间来学习，没有时间变得更聪明；而本质上，孩子还小的时候，本来就属于玩的年龄，不让孩子玩，天天把孩子关在家里，让他背诵唐诗，学习算术、练习写字，能培养出聪明的宝宝吗？事实上，答案未必。

海明威是美国小说家，诺贝尔文学奖获得者。他在艺术上简约有力的文体和多种现代派手法的出色运用，在美国文学中曾引起过一场“文学革命”，代表作品有《永别了，武器》、《丧钟为谁而鸣》、《老人与海》。

海明威生于乡村医生家庭，从小喜欢钓鱼、打猎、音乐和绘画，曾作为红十字会车队司机参加第一次世界大战，以后长期担任驻欧记者，并曾以记者身份参加第二次世界大战和西班牙内战。

海明威的父亲克拉伦斯·艾德家兹·海明威是一个杰出的医生，也是一个热心的、有训练的运动员，又是一个专业的研究自然界的人。他尤其热衷于钓鱼和打猎。他的兴趣和爱好对儿子产生了很大的影响，对于儿子的前途和成长，他也十分关心，并且为此花了不少的工夫和心思。

海明威父母的教育方式就有自己的独到之处。他教育小海明威时既严格又灵活，随时根据具体的情况改变自己的教育方式。

海明威小时候居住在橡树园镇，北部是印第安人居住的密执安湖畔，那儿是一片景色优美而又气候宜人的所在，这个居住环境引起了儿子对户外活动的爱好。美丽的大自然也使小海明威深深迷恋。

夏天，他们居住在密执安北部近彼托斯基湖畔的房子里，海明威父母有时候带他一起出诊，横过华隆湖到奥杰布华族印第安人居住地区，他们经常一起钓鱼和打猎。小孩子的天性都是好动的，对什么事都好奇不已。小海明威就是这样。

每当父亲出诊或者出门打猎、钓鱼的时候，小海明威总是拉着爸爸的衣服央求着一起去，爸爸每次都答应他的要求，带上他穿越茂密的森林，趟过哗哗的流水，去拜访那些散落的村庄。小海明威大开眼界，眼前的一切对他来说是那么新奇而又有趣，长途跋涉中他的体力和意志都得到了很好的锻炼，也增长了不少见识。

慢慢地，小海明威迷恋上跟着父亲去出诊，他彻底成了父亲的小"跟屁虫"，父亲发现后觉得不妙，觉得事事依赖父母对孩子成长不利，依赖心理会影响一个人的才能的发展。海明威父亲觉得是培养海明威的独立能力的时候了。

在小海明威四岁那年，当他又缠着爸爸带他一起出门时，父亲拒绝了他，小海明威不明白为什么爸爸不再喜欢带他一起出去了。他问爸爸："是我做错什么了吗？"

爸爸扶着他的肩膀，非常严肃地说："孩子，你没有做错什么。爸爸只是想让你自己去活动，不要总是跟着我！"然后又补充了一句："这样才会对你有好处！"

说完，他给了小海明威一个鱼杆，并鼓励他说："大胆去玩自己的吧！你肯定行！"从此海明威就开始一个人在山林和水边玩耍。后来，等他又长大一些的时候，父亲又给了他一杆猎枪。就这样在父亲的不断指引和鼓励下，小海明威开始了独立的玩耍时光，他很快就迷恋起钓鱼、打猎，以及探险。

在大自然玩得久了之后，海明威又迷恋上了读书。可见海明威培养出的那些爱好伴随了海明威一生。他独立、喜好探索的性格也在父亲的引导下形成了。

海明威的创作总在不断地探索与创新之中，他的作品风格也是独树一帜，有着自己鲜明的特色。这种独立的精神得益于他那明智的父亲。

一个人的性格和习惯往往是在幼年时种下的"根儿"，有些人性格中的根深蒂固的依赖性是与父母早年的教育有关的。温室里的花朵经不起风雨，躲在巢穴里的鸟儿不能展翅高飞。父母如果对孩子包办一切，时时把孩子带在身边，就会让孩子养成依赖心理，失去锻炼的机会和独立发展的空间。相比中国的父母而言，欧美的父母大多重视孩子独立性的培养，他们往往对孩子只是进行指点和引导，鼓励孩子自己去思考、去实践，这样才能培养孩子的独立思考和解决问题的能力，才能把孩子培养成为一个顶天立地的人。

一个人的性格和习惯往往是在幼年时种下的"根儿"，有些人性格中的根深蒂固的依赖性是与父母早年的教育有关的。

父母如果对孩子包办一切，时时把孩子带在身边，就会让孩子养成依赖心理，失去锻炼的机会和独立发展的空间。

承认每个孩子的优点

古人云：“三人行，必有我师焉。”成长中的孩子也有着许多可爱、可敬的优点，每个成长中的孩子同样希望得到别人的赏识与认可，因此父母要尽量挖掘孩子们每个优点，让孩子都能享受到成长的喜悦。

每个孩子都有自己的个性

一百个人有一百个不同的性格，孩子更加是这样。一样的父母生出的孩子个性也各不相同。但是很多父母总是看不到孩子不同的个性，只按照自己的标准去要求孩子。

正在抚养孩子的父母，首先应该弄清孩子的不同个性。认为只有“学习好才是好孩子”的想法，只会剥夺孩子的个性。通过孩子的个性，可以了解孩子适合做什么。一般情况下，语文好的孩子英语也好，唱歌好的孩子画画也好。在弄清孩子的个性后，就要针对孩子的个性因材施教。

也许有的妈妈会这样问：“如果太注重孩子的个性，会不会影响孩子同其他同龄孩子的相处呢？”

当然不会。孩子个性的发展反而会使同龄孩子间的关系更加和睦。孩子通过比较，相互影响，相处会更加融洽。

不知从什么时候开始，个性迥异的孩子忽然有了共同点。这正是同龄孩子互相影响的结果，说明孩子吸收了其他人的优点。

每个孩子都有自己的优点

父母如果能对每个孩子的个性加以开发，相信每个孩子都能脱颖而出，每个孩子都能成才。

和每个孩子都有自己的个性一样，每个孩子都有自己的优点。如果父母发现孩子的优点，加以开发或利用，孩子就出类拔萃了；如果父母看不到孩子的优点，一味地贬低或训斥，相信犹如顽石的孩子，最终是如何也不能被打磨成玉石的。

所有的小河都会汇入一条江，而江水最终也会流入海洋。如果有人想阻止江水的流淌，或者将它引向其他的方向，都会被江水所吞没。教育孩子就和这个道理一样，孩子们就像是不同的江水，但最终都会流向一个地方。如果父母想要改变江水的流向，最终只能导致江河的决堤。

人们常说每个孩子都是一本有趣的书，要想读懂这本书并不容易。只有爱他们的人才能读懂。作为父母，应善于发现孩子的差异，发现孩子的闪光点，利用不同的教育方法尊重和理解孩子。

"三人行，必有我师焉。"成长中的孩子也有着许多可爱、可敬的优点，每个成长中的孩子同样希望得到别人的赏识与认可，因此父母尽量挖掘孩子的每个优点，让孩子都能享受到成长的喜悦。

接纳孩子的坏情绪

教养孩子过程中注定会遇到各种让父母头疼的时候，最让父母头疼的也许是孩子发脾气的时候，面对孩子由于沮丧、委屈带来的大呼小叫、撒泼打滚，父母这时往往都会有一种挫败感，认为眼前的“坏孩子”是自己教育无方的结果……

在一本书上看到这段话：“孩子天生是可爱的，但这种可爱容易被不良情绪掩盖，当孩子产生惊恐、孤独或不被赞赏的负面情绪时，内心的不安会使他对人产生敌对态度，从而产生可恶的行为，这类行为表明孩子在寻求帮助，这时候如果得到倾听，则他就会从受伤的感觉中解脱出来。”

这段话很深刻地分析了孩子为何有坏情绪的原因。从这个角度来讲，作为父母很容易发现，对孩子闹情绪这样的行为可以这样理解：孩子需要被倾听，而不是做父母的失败，因此，作为父母曾经就孩子的“坏脾气”而自责，这时就可以释然啦！

人的情绪就像波浪，有情绪好的波峰，也有情绪糟糕的波谷。当心理的负面、消极因素堆积到一定程度的时候，就需要释放，这个释放就是坏情绪的发泄。因而作为父母要坦然接受孩子的坏情绪。

然而，对于大多数父母来说，孩子发脾气是不那么令人愉快的场景，所以父母常常本能地采取劝说或压制的办法终止孩子这一过程，这让父母很容易失去观察“发脾气如何使孩子恢复了思考和学习的能力”的机会。因此，父母应该首先改变自己的认识，明白发脾气可以极大地帮助孩子克服不良情绪，这样父母就会坦然地做到倾听。

如何倾听孩子的坏情绪呢？有关教育专家给出两个一般性准则：

1.靠近孩子，但别试图安慰他。

通常一个人发脾气意味着大量噪音和运动。这有助于他摆脱由于自己未能达到目的而感受到的羞辱！因此，面对孩子这种情况，让他去撒泼吧。发脾气的过程大多不会很长，你也许得坚持听5至15分钟。

一旦得到倾听，发脾气会很快过去。随后孩子可能会咯咯笑，与父母热烈地亲昵一番。孩子从几乎要崩溃的状态又恢复了平静和理智，这样一个奇妙的转变过程正是倾听的结果。你会在随后的几小时或几天里欣喜地发现孩子的耐性有了很大的增长。

2.如果你和孩子刚好处在一个公开的场合，你可以小心谨慎地把孩子带到比较隐蔽的地方，以便孩子安然度过情绪“风暴”。

孩子经常选择公开场合发脾气。比较恰当的处理方法是设法把正在撒泼的孩子带到一个比较隐蔽的地方，以便自己能控制局面。大多数旁观者会很乐意看到你处理问题很在行的样子，实际上他们大多也有过一两次同样的经历，所以不必太顾忌旁观者。

说到这里应该够了吧，下次孩子再发脾气的时候，作为父母的我们不妨耐下心来，坦然地去接纳并倾听吧！

人的情绪就像波浪，有情绪好的波峰，也有情绪糟糕的波谷。当心理的负面、消极因素堆积到一定程度的时候，就需要释放，这个释放就是坏情绪的发泄。因而作为父母要坦然接受孩子的坏情绪。

“拔苗助长”还是“顺乎天性”？

接纳孩子，不仅要接纳孩子的坏脾气，还要接纳孩子的想法和行为，顺应孩子的天性和喜好来培养孩子，而不是按照自己的喜好对孩子进行定式培养或是“拔苗助长”。

老舍先生原名舒庆春，我国现代著名作家，一位敬业、杰出、豁达的人民艺术家。老舍一生创作了许多脍炙人口的文学作品，如《四世同堂》《骆驼祥子》《茶馆》《龙须沟》等，至今仍是现代文学的经典之作。

其实，老舍先生不仅作品经典优秀，他本人在教育孩子的问题上也比较开明，并且充满智慧，值得当代的父母学习和借鉴。

老舍先生有自己的一套育儿教育观和比较超前的教育思想。其子舒乙（曾任中国现代文学馆馆长）回忆父亲时说："父亲只要看到被培养成少年老成的小父母、小老头的孩子时，就要落泪，他就感到一种悲哀。他决不给自己的孩子以这样的约束。"

有一次，小女儿舒立回到家中，拿着60分的数学试卷伤心地哭个不停。父亲老舍弄明原委后，依然像平时一样潇洒，笑着安慰女儿道："咳，我还当发生什么大事了，不要紧，60分已经挺高了。再说现在的题越来越难，要是我，我还考不了这么多呢，顶多考20分。"父亲的话，让悲伤的小女儿破涕而笑，同时暗暗下决心，以后一定更加努力学习，不能辜负了父亲对自己的理解。

时光流逝，孩子们渐渐长大，要报考大学选择专业了。在这关键时刻，老舍只是在一旁听着孩子们热烈地讨论。当孩子们征询父亲意见时，他豁达地笑了笑，说："你们讲的都是外国话，你们该入哪科我一点都听不懂。我上一边去呆着，我不参与意见。"最终，兄妹四人全部选择了理工科。虽然无一人继承老舍的衣钵，他却很释然，对儿女们说："这是你们自己的选择，我很赞成。"

长子舒乙选择了学林业化学，这是一门从木材的下角料里提炼酒精、酵母的学科。舒乙从当时的苏联写信回来，把他的学习情况告诉父亲。老舍非常高兴，他对自己的老朋友开玩笑说："我的儿子是从木头里炼酒的。你看我们家的家具全都没有了，都让儿子给炼酒了。"有一个周末舒乙带同学回家，聊天时他们说的全是一大堆专有名词、技术术语，老舍虽然听不懂，但总是在一旁默默地听他们谈论，他后来专门写了一篇散文，名叫《可喜的寂寞》，描述的就是这种情形。

老舍先生不仅留下了一部部经典的文学作品，还留下了四条言简意赅、引人深思的《教子章程》：

1.不必非考一百分不可，特别是不必门门一百分。

2.不必非上大学不可。

3.应多玩，不失儿童的天真烂漫。

4.应有一个健壮的体魄。

老舍先生主张自由地发展儿童的天性，维护他们的天真活泼，满足他们的正当爱好，不要对他们干预太多。但是，当代社会的父母们一定会困惑了，这岂不是放任自流？长此以往，孩子们岂不像脱缰的野马般无法无天，哪能有什么出息？于是，在孩子们还呀呀学语的时候，父母们就开始计划着学钢琴、学画画，学这个，学那个。孩子们捧回百分的考卷父母马上眉开眼笑，要什么给什么，像老舍的孩子舒立那样考个六十分回去，相信很多父母一定会好好责罚或训斥的。于是，孩子们的书包越来越沉，眼镜越来越厚，一个个小父母、小老头就这样被培养了出来。此时，父母们一定又会困惑了，怎么我家的孩子这么老气横秋呀？

“拔苗助长”与“顺乎天性”，贬谁褒谁，相信所有的父母都心知肚明。

孩子就是孩子，他不仅需要父母积极而正确的引导，而且更需要父母的支持和信任。因此，作为父母，不妨学学老舍先生，试着接纳孩子的思想、判断和选择，还孩子快乐的童年，给孩子一片自由的天空让孩子快乐成长。

科学的教育方法，应该给孩子足够自由，发展孩子的天性，维护他们的天真活泼，满足他们的正当爱好，不要对他们干预太多。

接纳孩子，不仅要接纳孩子的坏脾气，还要接纳孩子的想法和行为，顺应孩子的天性和喜好来培养孩子，而不是按照自己的喜好对孩子进行定式培养或是“拔苗助长”。

用欣赏的眼光教育孩子

每个孩子都是独一无二的

中国父母在培育后代的问题上，喜欢父母和父母、孩子和孩子之间一次又一次无意识的大攀比，比如学钢琴、学英语、学绘画等等，这种情况在欧美国家几乎是没有的。

西方国家父母从小对孩子灌输的是：“我是独一无二的”。他们认为每个人都有与众不同的潜能和特质。所有的资料都将“父母把自己的孩子和别人的孩子作比较”这种行为视作对孩子的伤害，是属于禁止做的事。他们认为，把一个孩子的缺点去和另一个孩子的优点比较是很不公平的，何况父母看到的还往往只是孩子在成人面前美化的表现，不是孩子的本相。

发现孩子身上的闪光点

每个父母都想孩子有完美的成绩，希望孩子的学习能力不逊色于任何小孩。事实上，孩童的智力发展是时断时续的，却没有哪位父母有耐心给予足够的时间。

如果孩子没能各科成绩都得到优秀，很多父母就开始烦恼，认为小孩可能有学习障碍或是学习动力不足。父母似乎认为小孩只有两种类别：没有学习能力的和有天分的。并不是任何孩子都拥有各个领域的无限潜能。这并不表示，大部分孩子都不能够上大学，不能在成人世界里有所成就。几乎所有孩子都会有所建树，父母需要的不过是放松一点，更有耐心一点。

哈西德派有句格言说："假使你的孩子具有成为面包师傅的才能，就别要求他成为医生。"犹太教认为，每个小孩都是以上天的形象创造的。要是父母忽略孩子的内在有种种力量，促使他活出我们所谓非凡成就的话，父母就破坏了上天的旨意。

如果父母想要孩子变得出类拔萃的压力过大的话，那么孩子最后就会进心理治疗师的诊所，患有失眠及饮食失常、长期胃痛、扯头发、抑郁等症状，孩子就成了父母追求完美的驱逐力下的受害者。因此，作为父母既尊重每个孩子的独特性，同时要心平气和地接纳每个孩子普普通通的特点。

点到为智

把一个孩子的缺点去和另一个孩子的优点比较是很不公平的，何况父母看到的还往往只是孩子在成人面前美化的表现，不是孩子的本相。

每个小孩都是以上天的形象创造的。要是父母忽略孩子的内在有种种力量，促使他活出我们所谓非凡成就的话，父母就破坏了上天的旨意。

“坏学生”的天赋

毕加索是世界最具影响力的现代派画家，一生画法和风格迭变，被称为“人类艺术史上罕见的天才”。

毕加索从小就很有艺术天赋，他会做惟妙惟肖的剪纸，还创作了许多惊人的绘画作品。左邻右舍都称叹不已，称毕加索为天才。

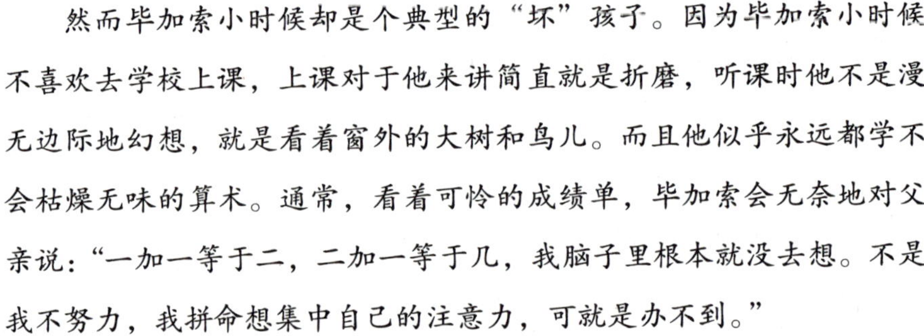

然而毕加索小时候却是个典型的“坏”孩子。因为毕加索小时候不喜欢去学校上课，上课对于他来讲简直就是折磨，听课时他不是漫无边际地幻想，就是看着窗外的大树和鸟儿。而且他似乎永远都学不会枯燥无味的算术。通常，看着可怜的成绩单，毕加索会无奈地对父亲说：“一加一等于二，二加一等于几，我脑子里根本就没去想。不是我不努力，我拼命想集中自己的注意力，可就是办不到。”

由于数学成绩太差，毕加索成了同学们捉弄的对象，他们喜欢跑到毕加索的课桌前，逗他玩：“毕加索，二加一等于几？”然后看着毕加索呆呆的样子哈哈大笑。就连老师也认为这孩子智力低下，根本没法教，他经常在毕加索父母面前绘声绘色地描绘毕加索的“痴呆”症状，毕加索的母亲听了又羞又恼，觉得无脸见人。

从此，左邻右舍再也不为毕加索的绘画天赋叫绝，而私下议论说：“瞧那呆头呆脑的样，只会画几幅画有什么用？”这就是说，在当时几乎所有的人都认定：毕加索就是一个傻瓜。

然而，面对同学、老师、邻居的风言风语的议论和嘲笑，毕加索的父亲仍然坚定不移地相信：儿子虽然读书不行，但是绘画是极有天赋的。于是，出于对孩子的理解和赏识，毕加索的父亲坚持让孩子继续练习绘画。

他对儿子说：“不会算术并不代表你一无是处，你依然是个绘画天才。”小毕加索看着父亲坚毅的面孔，找回了一些自信。果然，毕加索总是毫不费力就能绘出才华横溢的图画，也渐渐忘记了自己功课方面的“无能”。但是，嘲讽却并没有就此停息，反而愈加猛烈。小毕加索脆弱的心灵蒙上了阴影，他变得不爱说话了，更不爱和小伙伴们一起玩耍。

这个时候，父亲每天坚持送儿子去上学，一到教室，父亲便把画笔和用作模特的死鸽放在课桌上。父亲成了儿子强有力的心理依靠，似乎离开了父亲，毕加索根本没有勇气去面对生活。以致每天上学，必须得到父亲会来接他回家的承诺后，毕加索才会松开父亲那温暖的手。

作为“坏学生”，在学校关禁闭已成了毕加索的家常便饭，禁闭室里只有板凳和空空的墙壁，可是毕加索却很高兴。因为他可以带上一叠纸，在那里自由地绘画。有了父亲的支持，毕加索每天都沉浸在想象的天地里，虽然功课不好，但他却在绘画的天地里找到了快乐。

毕加索的父亲在关键时刻拯救了孩子，当代做父母的也应该尽可能地扬孩子所长，避孩子所短，使孩子身心都能得到健康的发展。即使自己孩子没有毕加索那样的天赋，也至少给他一个没有阴霾、充满阳光的心灵啊！

因此，作为父母在教育自己的孩子时，学会赏识是培养孩子成才的一个关键因素。这就是说，聪明的父母，面对自己的孩子，不是容忍孩子一错再错的缺点，也不是盲目地溺爱，如果孩子有着几乎与生俱来的弱点，而我们又一味不顾实际情况，恨铁不成钢，以恶言恶语、冷嘲热讽对待孩子，这会给孩子心灵造成难以愈合的创伤。

孩子在成长的过程中，有进步的地方，也会有不足的地方，人本来就是“活到老学到老”。如果父母总是只看到他的弱点或缺点，不断地批评，却没有看到孩子已经进步的地方，就容易让孩子失去成就感，长期生活在没有成就感的家庭中，孩子的自信就很可能受挫，不相信自己真的能够成功，因为无数次的努力都没有获得成功的感觉！

每个生命都在不断地努力，只是努力的方式有所不同。因此，只要是努力就值得赞赏！不要因为一些表象，却忽略了表象下面更宝贵的内在特质，这也是“一叶障目”吧。

作为父母，一定要给孩子足够的信心和勇气，让他敢于正视自己的弱点，发挥自己的优点，从而培养并挖掘孩子某一方面的专长，让孩子通过特长而成才。

孩子在成长的过程中，有进步的地方，也会有不足的地方，人本来就是“活到老学到老”。作为父母，一定要给孩子足够的信心和勇气，让他敢于正视自己的弱点，发挥自己的优点，从而培养并挖掘孩子某一方面的专长，让孩子通过特长而成才。

以优势带动弱势的培养方式

优点总是与缺点并存，孩子也一样。每个孩子都有自己的优点，也肯定有自己的缺点。因此父母在教育的过程中，最好能练就一双慧眼，用这双慧眼去发现孩子身上显现的与隐藏的优点，用孩子的优势带动弱势，充分发挥他的长处。

有一个5岁的小男生越越特别不爱学习，上幼儿园时经常打瞌睡或是偷偷跑出去玩，后来越越竟然连午自习都不在班里看书了，同学找他，他却说："老师不来我才不回班呢！"更别提好好写作业了。

遇到这种情况，幼儿园的老师多次与越越沟通，在沟通无效的情况下，幼儿园的老师开始找越越的父母一起寻找解决的方法。

越越的妈妈听到孩子这种表现虽然很担心，但是却没有直接责罚或打骂。而是发现每次轮到越越值日的时候，越越都会早早地到学校打扫卫生，打扫完之后，就会安静地拿出书来，看书时一副怡然自得的样子，包括中午，他也会自觉地在班级打扫卫生，而不会跑到操场去撒欢。

于是，越越的妈妈拉着他的手对他说："我家越越劳动很积极，特别能干，我跟老师提议让我们越越当劳动委员，你愿意担任吗？"他不好意思地摸摸脑袋，冲妈妈笑了笑。

就这样，每天越越总是积极地和同学在班级里一起值日，一起劳动。而且渐渐地越越开始喜欢写作业了，逐渐成了老师眼中的好孩子，并且积极回答问题，总得到老师的表扬。

这就是以强带弱的培养方法取得的效果。

相信父母都知道"田忌赛马"的故事吧，教育孩子也应该学习"田忌赛马"，那就是父母要针对孩子能力上的"强、中、弱"，采用以强带弱的方式帮助他们全面成长。孩子的弱项是可以调整的，所以父母对此也不需要扬长避短，而应该"以长带短"或者"以强带弱"。

说到"以长带短"、"以强带弱"，其实也就是：父母要发现孩子的优点或爱好，帮助孩子发展自己的爱好，寻找成功或成才的机会。

每个孩子都有某方面的爱好和特长，只是表现得有强有弱而已。因此，父母要想发挥孩子的优势，发展孩子的爱好，就要采用"曲线救国"的方法，帮助孩子重建信心。父母要明白一点：某一方面的兴趣能锻炼孩子某方面的能力，而这些能力又能够用在学习上，帮助孩子较好地完成学业。

此外，父母要辩证地看待孩子小时候的兴趣，力争把孩子的兴趣变成特长，变成爱好，多加培养，力求成才。

如果孩子喜欢广泛涉猎课外读物，一般语文水平比一般孩子好；

如果孩子从小喜欢拆装，一般他的动手能力、操作能力很强；

如果孩子喜欢拼图，他的空间思维能力强，一般几何学习成绩就会好；

如果孩子语言表达能力强，一般他的语文成绩就会不错；

如果孩子喜欢看侦探小说，一般他的数学推理、分析能力就比较强；

……

因此，父母要放宽视野，发展孩子的兴趣。父母要善于发现孩子的一技之长或某方面的优势，并且发扬孩子这方面的优势，从而培养孩子的成就感，建立孩子的自信心，让自身变得“强大”起来，用这种强大的自信牵移到学习上，打败学习上的敌人。

点到为智

教育孩子也应该学习“田忌赛马”，那就是父母要针对孩子能力上的“强、中、弱”，采用以强带弱的方式帮助他们全面成长。孩子的弱项是可以调整的，所以父母对此也不需要扬长避短，而应该“以长带短”或者“以强带弱”。

鼓励将“白痴”变成天才

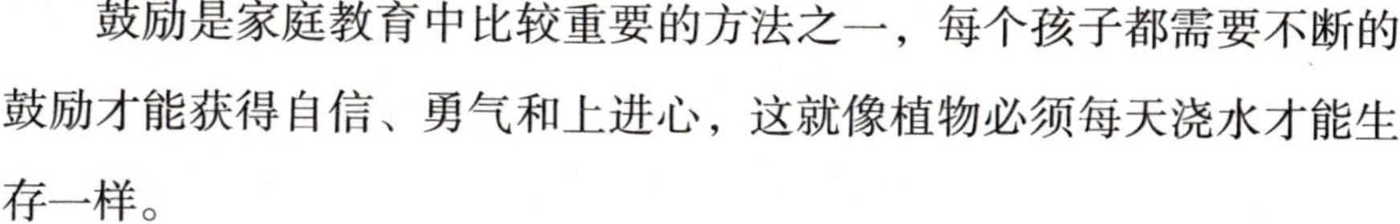

鼓励是家庭教育中比较重要的方法之一，每个孩子都需要不断的鼓励才能获得自信、勇气和上进心，这就像植物必须每天浇水才能生存一样。

清代教育家颜元说过：“数子十过，不如奖子一长。”因此，父母适当的鼓励能够帮助孩子快速成才，哪怕是大人眼中的“白痴”，只要给予鼓励也能变成天才。

爱因斯坦，现代世界上最伟大的物理学家，诺贝尔物理学奖获得者。

爱因斯坦小的时候，并不是一个天资聪颖的孩子，相反，已满四岁的爱因斯坦还学不会说话，人们都怀疑他是个“低能儿”。但是，担任电机工程师的父亲，却没有对儿子失去信心，他想方设法地让爱因斯坦发展智力。他为儿子买来积木，教他搭房子。小爱因斯坦每搭了一层，父亲便表扬和鼓励一次。在这种激励下，爱因斯坦一直搭到了十四层。

上学后，爱因斯坦仍然显得很平庸，学校的老师曾向他父亲断言说：“你的儿子将一事无成。”大家的讽刺和讥笑，让爱因斯坦十分灰心丧气，他甚至不愿去学校，害怕见到老师和同学。

但是父亲却鼓励他：“我觉得你并不笨，别人会做的，你虽然做得一般，却并不比他们差多少，但是你会做的事情，他们却一点都不会做。你表现的没有他们好，是因为你的思维和他们不一样，我相信你一定会在某一方面比任何人都做得好。”父亲的鼓励，使爱因斯坦振作起来。

爱因斯坦的母亲贤惠能干，文化修养极高，她对自己的儿子百般呵护和鼓励。爱因斯坦小时候常常爱提出一些怪问题，如指南针为什么总是指向南方？什么是时间？什么是空间？别人都以为他是个傻孩子。

有一次，母亲带他到郊外去游玩，别的亲友家的孩子，有的游泳，有的爬山，只有爱因斯坦一个人默默地坐在河边，静静地凝视着湖面。这时，亲友们悄悄地走到爱因斯坦母亲的身边，忐忑不安地问道："您的孩子为什么总是一个人对着湖面发呆？是不是精神有毛病啊？还是趁早带他去医院检查检查吧？"可是爱因斯坦的母亲却十分自信地对他们讲："我的小爱因斯坦没有任何毛病，你们不了解，他不是发呆，而是在沉思。他将来一定是位了不起的大学教授。"

父母的鼓励和爱护使爱因斯坦的智力迅速发展。

还有一次，爱因斯坦生病了，本来沉静的孩子更像一只温顺的小猫，静静地蜷伏在家里，一动也不动。父亲拿来一个小罗盘给儿子解闷。爱因斯坦的小手捧着罗盘，只见罗盘中间那根针在轻轻地抖动，指着北边。他把盘子转过去，那根针并不听他的话，照旧指向北边。爱因斯坦又把罗盘捧在胸前，扭转身子，再猛扭过去，可那根针又回来了，还是指向北边。

不管他怎样转动身子，那根细细的红色磁针就是顽强地指着北边。小爱因斯坦忘掉了身上的病痛，一脸的惊讶和困惑：是什么东西使它总是指向北边呢？这根针的四周什么也没有，是什么力量推着它指向北边呢？在爱因斯坦对罗盘的探索中，已经孕育了一颗伟大发现的种子。

从爱因斯坦的故事中，我们可以发现一个亘古不变的真理：父母对孩子热切的期望、坚定的信心和无私的帮助，将是孩子成功的重要保证。

时常有些父母因为自己的孩子不够聪明而对孩子感到失望，甚至把这种情绪"传染"给孩子，使孩子对自己也变得没有信心。殊不知，这种做法只会让孩子的情绪更加消极，久而久之，孩子就会思维僵化、反应迟钝。

实际上，人类实在无所谓天才。一个天才儿童的智力数与平常儿童的智力数在多数情况下相差无几。爱迪生曾说天才是努力加上尝试。因此，作为父母，在教育孩子的时候，一定要善于发现孩子的长处，并善于从孩子的喜好中去发现并设法帮助他。

如果孩子爱听音乐，说不定就是莫扎特；

如果孩子爱画画，说不定就是凡·高；

如果孩子爱小动物，说不定就是达尔文；

如果孩子爱搞些小发明，说不定就是爱迪生。

因此，作为父母，在任何时候，都不要放弃对孩子的希望和信心，尤其是在他们最困难的时候。要知道：父母的鼓励和支持，可能造就一个聪明宝宝；相反，可能会毁掉一个原本是天才的宝宝。

一个天才儿童的智力数与平常儿童的智力数在多数情况下相差无几。父母对孩子热切的期望、坚定的信心和无私的帮助，将是孩子成功的重要保证。

如果孩子爱听音乐，说不定就是莫扎特；

如果孩子爱画画，说不定就是凡·高；

如果孩子爱小动物，说不定就是达尔文；

如果孩子爱搞些小发明，说不定就是爱迪生。

天才的宗教智慧，你懂吗？

聪明宝宝一般都有智慧的父母。聪明宝宝的培养过程一定也是智慧而有方略的。

研究发现，宝宝聪明主要体现在：阅读能力、思维能力、观察能力、注意力、想象力、记忆力、创造力、语言表达能力、动手能力以及音乐绘画艺术能力等综合能力。

聪明宝宝什么样

每对父母都希望自己的宝宝聪明，每对父母都想培养出聪明的宝宝。那么到底聪明是什么样儿呢？

新生儿更聪明的特征

通常，聪明的新生儿可能要比其他孩子更机敏一些，对生活有强烈的好奇心。一个感觉敏锐、反应迅速的婴儿常常很聪明。

某一项研究透露，孩子笑得越早，聪明的可能性就越大。虽然这不是完全可信的事实，但却说明：很早就开始笑的婴儿常常会成为聪明活泼的儿童。

在出生时个子大一些、体重重一些的宝宝一般都非常聪明，但也不全是如此。原因是因为：大的健康的婴儿可能在娘胎里得到良好营养和得到足够的关照。或者这些准妈妈可能在家中给予她们的宝宝最好的教育帮助，这在后来的智力测验中会表现出来。

同时，较重的婴儿也可能在生活中有心理上的优势，有较好的身体素质，因而有理由比其他孩子更快活。如，较重的宝宝每次可以吃更多的食物，因而不需要频繁地喂养，可以把精力转向更多的智力活动方面。

此外，从一出生起，与较轻的孩子相比，较重、较吸引人的孩子可能会发现他们处在一个愉快的、情感上得到支持的世界里，就会以许多方式利用这种最初的好运气。

婴儿的某些技能与其身体发育状况有关，有些与经验有关，而有些与两者都相关。因此，这些新生儿更聪明的特征，只是帮助父母有一个知识上的准备，告诉人们这些更聪明的宝宝是有先天优势的。

婴幼儿、学龄前宝宝更聪明特征

聪明宝宝往往在生活、认识等方面表现出极强的适应能力，父母如何判断宝宝聪明的潜能呢？以下一些特征帮父母进行判断。

说话早

如果你的宝宝很早就学会说话，而且进步特别快，在2岁之前掌握了大量的词汇，发音清晰，喜欢问问题，可以说出与年龄不相称的复杂句子，那就要恭喜你了，你有一个极其聪明的宝宝！

喜欢数字

聪明的宝宝对各种数字特别敏感，善于记住各种数字，如电话号码、门牌号，很早就开始认识书上的数字。

好奇心重

善于观察和发现问题的宝宝，思维总是特别敏捷。当你的宝宝对周围的事物表现出强烈的好奇心，总爱问为什么时，父母可要耐心给宝宝解答，宝宝已经开启解决生活中各种困惑的程序了。

爱看书

聪明的宝宝总是具有较强的阅读能力，识图及识字都比较早，每次看到书，都会有拿起翻阅的冲动。

记忆力很好

当妈妈发现宝宝对每次见过的事物都能很快记住，如看过动画片后能记住故事的情节，人物的姓名；对妈妈每次教过的诗词，童谣，都能记住时，这些都说明宝宝具有好记性，这是最强有力的聪明特征，要加以利用。

能集中注意力

不要以为宝宝总是爱动，无法安静做好任何一件事。聪明宝宝往往对感兴趣的事物能长时间地集中注意力，做到最好，如为完成拼图游戏而非常专心和有耐心。

理解力强

聪明宝宝能理解复杂的概念，察觉事物之间的关系。当知道汽车、飞机、轮船时，宝宝就会理解“交通工具”的含义。

判断力强

聪明宝宝对周围事物能作出客观的分析，如对电视里的人物会区别好与坏，对事物区别对与错。

感知力强

聪明宝宝往往有突出的知觉才能，在很小的时候就能表现出来。

兴趣广泛

聪明宝宝会同时对写字、绘图、音乐、舞蹈等感兴趣，并热衷于参加这些活动。

综上所说，父母了解聪明宝宝具有什么特点，能给父母指一条培养聪明宝宝的途径——参照以上的标准科学教育宝宝，相信一定会培养出天才宝宝的。

孩子笑得越早，聪明的可能性就越大。

聪明的新生儿可能要比其他孩子更机敏一些，对生活有强烈的好奇心。

出生时大一些、重一些的宝宝一般都非常聪明。

阅读，使孩子受益终生

让孩子喜爱读书并不难，只要你肯每天花些时间。从孩子出生开始，就将读书融入孩子的生活中，使读书成为孩子的一种习惯。这种习惯会使孩子获益终生。

专家认为，0～3岁是培养孩子对于阅读兴趣和学习习惯的重要阶段，3～6岁则更侧重于提高孩子的阅读和学习能力。

0～3岁孩子阅读方式和选书要点

3岁以前的婴幼儿喜欢一些简单的图片或者讲述他们熟悉的事物方面的故事，形体和色彩对孩子具有强烈的吸引力。

由于0～3岁是孩子快速成长的黄金阶段，所以有关专家认为：这个阶段孩子的阅读又应该分成4个阶段，因此父母对孩子的阅读训练和培养也应该遵从这个划分。

1.从孩子出生到6个月大时，每天为孩子朗读。

专家指出，培养孩子良好阅读能力的唯一重要途径就是为孩子朗读，而且要从孩子一出生起就这样做。这个阶段阅读的目的自然不是让孩子听懂所读的内容，而是让孩子熟悉父母声音，习惯看到书，抚摸书，产生对书的兴趣，形成阅读的自然习惯。

2.在6个月至1岁时，给孩子读简单的图画书，教孩子认识画面中的物体和名称。

3.在1～2岁期间，父母开始为孩子读简单故事情节的图画书。在这个阶段，发展孩子的语言能力，扩大词汇量，发展孩子的情感，如善良，注意他人的感受等都是非常重要的。

孩子在这个阶段的词汇量应从2～3个扩大到250个左右。每天和孩子一起阅读至少15分钟，朗读时用手指指着所念的文字，让孩子理解，每个文字都代表着一定的意义。

4.2～3岁时是孩子形成良好阅读习惯，培养思维能力和良好情感的重要时期，在这个阶段，孩子的词汇量应从250个增长到1000个左右，并能说简单的语句。

3～6岁的学龄前孩子阅读方式和选书要点

3～6岁学龄前的孩子喜欢配有彩色图画的小故事、科幻故事、诗歌以及有关动物或日常生活方面的童话。那些短小、生动、易背诵的迭句对他们来说，特别有用。

针对这个年龄段的孩子，父母在为孩子朗读的过程中，可以时不时停下，鼓励孩子猜猜下面的情节，或针对故事情节提问，让孩子回答。还可以利用画面教孩子识别颜色，学习计数，认识简单的文字，例如，面对熟悉的画面，父母问："小熊的衣服是什么颜色的？"树上有几只苹果？"等，这些提问都会引起孩子的兴趣。

让读书结合实际，生动有趣

由于这时期的孩子还小，因此父母在给孩子念书的时候，要学会为孩子朗读，因为朗读是一种艺术。如果父母能够声情并茂，该加重语气时加重语气，就很容易牢牢地吸引孩子的注意力，培养他对读书的兴趣。

有时朗读到一个故事的中间环节时，父母可以突然提问："现在你们想想，这个故事往后会怎样发展，结局如何？"等。

为了使读书生动有趣，首先要激发起孩子的强烈兴趣，在给孩子读一本新书之前，可以先让孩子了解封面的内容，并让孩子去猜想这本书将要讲述一个什么样的故事等，然后可以一边读一边指着书中的图画和人物问他："你们认为这是什么意思？"读完一本书后，还问他："这个故事中，你最喜欢什么？你认为或者希望以后的故事该如何发展？"

这种积极的阅读方式特别有助于孩子语言能力和思维能力的发

展。纽约州立大学的一项调查研究表明，对学龄前孩子来说，在父母的帮助下采取积极、投入式的阅读方法，其语言和思维发展水平要提前6～8个月。

孩子能独立阅读后，最好坚持和孩子一起读书

大部分孩子在12岁以前，其倾听理解能力要比阅读理解能力强，所以，父母为他们念书比他们独立阅读收益更大。父母要尽可能多地与孩子一起读书，有时也让他读给父母听。

最后，送给所有为人父母者一句话：从小培养孩子对读书的浓厚兴趣，会使他们终生受益。

这时期的孩子还小，父母在给孩子们念书的时候，要学会为孩子朗读，因为朗读是一种艺术。如果父母能够声情并茂，该加重语气时加重语气，就很容易牢牢地吸引孩子的注意力，培养他们对读书的兴趣。

孩子思维能力的培养

现在的世界是思考者的世界。只知道按照别人的话去做，没有自己思想的人迟早会被淘汰。

因为思维是比观察、记忆更重要的能力。思维能力一般指两种：逻辑思维和形象思维。

逻辑思维一般包括：推理、问为什么、解答问题、探究、智力测验。比如，1加1等于2，1加2等于3，这属于逻辑思维；A等于B，B等于C，所以A等于C，这也属于逻辑思维。

形象思维呢？比如站在这里一想，天安门广场真漂亮，英雄纪念碑真庄严，形象就出现了，这是形象思维。通常形象思维主要包括：讲故事、描述画面、音乐、绘画、舞蹈、文学、书法等。

除了逻辑思维和形象思维之外，培养孩子的思维能力，需要重点培养孩子的创造性思维。什么是创造性思维？在逻辑思维、形象思维的基础上，再加上想象力和灵感思维，就产生了创造性思维。

如何对孩子进行创造性思维的培养？

帮孩子“异想天开”

鼓励并允许孩子从小就敢于异想天开，就像爱迪生一样，小的时候好像成绩不太好，喜欢到处写写画画。其实当时的老师不理解，他的乱写乱画中肯定有很多稀奇古怪的想法，其中有些想法和他日后的创造有关，是儿童创造的意识和冲动。

孩子脑子里的图画，孩子的许多奇思怪想，可能预示着未来社会可能的发明与创造，所以父母一定要多鼓励和支持。

夸奖孩子有想象力

要鼓励孩子的创造性思维，要让他敢想，永远要夸奖孩子的想象力。因为，一个人的思维中最可贵、最天才的成分，第一就是想象力。

孩子的想象也许是现实中不存在的，但想象的本质就是创造，想象的过程已经是创造。

我们通常会有一种状态，一个问题想半天不明白，想半天不得要领，苦思苦想没有办法，突然灵机一动，出来一个思路，这叫灵感思维。如果当孩子出现这种状况，父母一定要大胆地肯定他、欣赏他、夸奖他。

让孩子也学点抽象思维

专家认为：父母应当运用各种手段，积极启动孩子抽象思维开关，在潜移默化中帮助孩子提高抽象思维的能力。

一般来说，婴儿出生6个月后，便能够在父母的启发下初步理解两个相关事物之间的因果关系，如按动开关电灯会亮，摇动铃铛会发出悦耳的声响。过不了多久，孩子就会自己动手，验证这种因果关系了。

满1岁的孩子开始有了“顺序”概念，因此父母可以帮助孩子发现顺序先后，并且让孩子按照自己的意愿做出改变，因为这样的选择能加深孩子对时间和次序等抽象事物的理解。

2周岁的孩子，父母可以帮助他们学习对不同的事物进行归纳和分类，并在实践中使他们从个性中悟出共性。

对3岁左右的孩子，父母可以从不同的角度对他进行更深一层的抽象思维训练，如要求孩子说出不同类事物的共同点，或者把各种颜色的事物归成若干类。通过这类抽象思维活动，孩子自然能够从中提取有关各种颜色的抽象概念。

培养孩子拥有初步的抽象思维能力，一定会给他以后的教育打下良好的基础，从而为培养聪明宝宝奠定好的基础。

要鼓励孩子的创造性思维，要让他敢想，永远要夸奖孩子的想象力。因为，一个人的思维中最可贵、最天才的成分，第一就是想象力。

孩子的想象也许是现实中不存在的，但想象的本质就是创造，想象的过程已经是创造。

教宝宝善于“察颜观色”

一个人的观察能力是终生有用的大能力。因此，父母要在学龄前就要着手培养孩子的观察能力。

观察是方方面面的，不仅观察自然，也观察社会；不仅观察学习方面的东西，还要观察生活方面的东西。

怎样教会孩子观察事物，培养和提高他的观察力呢？

观察兴趣的培养

要培养孩子的观察力，首先要培养孩子的观察兴趣。一旦孩子的观察兴趣形成，父母不去训练，孩子自己就很爱观察。仅仅把这一点做好，父母就发现孩子其实是特别爱观察的，于是孩子的观察能力就这样培育起来了。为了培养孩子的观察兴趣，父母要有意识地引导孩子对周围的事情进行观察，如，带孩子出去玩了，问孩子，天空都有什么？孩子看一会，可能会这样描述：天上飘着几朵云，天是蓝色的。云像什么呀？他说云像棉花，像雪，像山，像骆驼。这样，慢慢地孩子观察的行为才能够变为观察的兴趣。

明确观察目的

在确定了观察对象之后，要鼓励孩子留心观察到底，不要轻易地转移目标。孩子的年龄越小，注意力越容易分散，受到干扰，就很容易忘记本来要观察的东西。父母要和他们在一起，揭示他们如何观察，处处留心，以取得好的观察效果。

教孩子从多种角度观察事物

例如观察鸭子，将整只鸭从头到尾看了以后，还要看它的趾，告诉小孩鸭脚趾有蹼，所以能游水。看一座山，应高看、低看、远看、近看、横看、侧看，从不同角度对事物进行观察。

观察要有顺序、有步骤

如观察植物，可从花、叶子、茎、颜色、姿态几方面去观察。看图画中的人物，按顺序看姿势、动作、人与人之间的关系、背景和其他细节。有顺序、有步骤地看，就能看到事物的特征和各部分之间的关系。

观察时，把类似的物体对照、比较。

孩子通过比较，对事物的分辨就更清楚、明确。要让孩子多看、多想、多听、多讲、多摸一摸、闻一闻，以加深对事物的印象。

为了让孩子对某些事物作较长期的、系统地观察，获得完整的知识，可以让孩子做一些实验，通过实验进行观察。这样有利于激发孩子的观察兴趣，求知欲也更加旺盛。

帮孩子及时总结

对孩子所观察到的东西要及时加以概括总结，这种概括和总结可以通过孩子本身的某项活动(如画图、造型、作文等)来进行。对于在总结中发现遗漏了的问题，应让孩子重新回到观察对象那儿去再作一次仔细地观察。

观察能力是一个人终生有用的大能力。培养孩子的观察力，首先要培养孩子的观察兴趣。一旦孩子的观察兴趣形成，父母不去训练，孩子自己就很爱观察。

确定观察对象之后，父母要鼓励孩子留心观察到底，不要轻易地转移目标，因为观察离不开专注力。

让孩子高度集中注意力

通常一个学习不好的孩子，对学习没兴趣的孩子，常常会在上课的时候注意力不集中，复习功课的时候注意力也不集中，做作业的时候注意力还不集中。注意力不集中自然学习成绩不好，成绩不好就更没有兴趣，更没有自信，成绩就更差。结果就更加注意力不集中。

那么如何培养孩子的注意力呢?

给孩子营造安静的环境

要注意创设良好的学习、生活环境，避免分散孩子的注意力。孩子的注意力容易因新的刺激而转移，这是学前期幼儿的普遍特点。当孩子认真看图书、绘画、做事情的时候，父母要排除各种可能分散孩子注意力的因素，为孩子创造安静的环境，以免分散孩子的注意力。

利用宝宝的好奇心，从他感兴趣的事情入手

浓厚的兴趣能使孩子在学习时处于一种良好的心理状态之中。每当孩子感到知识世界是五彩缤纷、美不胜收时，他们大脑的活动就会灵活异常，产生各种与学习内容有关的联想，从而提高大脑的创造性。这就需要父母采用形象化和趣味性的教育方法。

不随便打断孩子的活动

用脑学习时一定要聚精会神，思路集中。在要学习时排除无关杂念，这样才不会损伤大脑功能。而杂念纷纷，学习的时候想到玩乐，会伤神损脑，只有专心致志，大脑才能“用而不劳”。

选择能专心致志的活动，接受感觉统合训练

为了培养孩子的专注力，父母可以选择一些能使孩子专心致志的活动或游戏，让孩子接受综合训练，以此来培养专注力，这类活动或游戏如：做穿扣眼，玩拼图，做拼插手工等游戏。

此外，值得提醒的一点是，不同年龄、不同兴趣的孩子能集中注意力的时间长短是不同的，如：3～4岁孩子能够集中注意力5～8分钟；5～6岁的孩子能够维持注意力集中的时间一般只有10分钟左右；7～8岁的孩子可以坚持到15分钟左右；上小学的孩子一般也就只能维持20、30分钟左右。

因此，作为父母，先要充分了解自己孩子的兴趣，有针对性地为孩子制订计划，以提高孩子注意力的培养效果。

浓厚的兴趣能使孩子在学习时处于一种良好的心理状态之中。每当孩子感到知识世界是五彩缤纷、美不胜收时，他大脑的活动就会灵活异常，产生各种与学习内容有关的联想，从而提高大脑的创造性。

找回宝宝的想象力

想象力是创造力的前提。爱因斯坦说：“想象力比知识更重要，因为知识是有限的，而想象力概括着世界的一切并推动着进步，想象才是知识进化的源泉。”因此，要想孩子具有创造力，首先要培养孩子的

想象力。

孩子最喜欢想象，他的想象是他的智慧火花。那么如何找回孩子的想象力呢？

摒弃定势思维和所谓的“标准答案”

其实，孩子不是缺乏想象力，而是受社会、学校、家庭的固有观念影响，导致孩子独特的想象力遭到扼杀。

有这样一个真实的故事：在某个学校的考试中，有这么一个问题：“雪化了是什么？”这个问题对于稍微有点常识的人来说，是很简单的，但是老师在后来的阅卷中发现，有一个孩子给出了一个出人意料的答案：“雪化了是春天。”

然而，这个别出心裁的答案被打上了一个鲜红的“叉”号，至于原因，自然是因为跟已经制定好的标准答案不符。

在语言活动中培养想象力

语言活动是培养孩子想象力的一个比较重要的途径。如“续编故事”，父母把故事的前半部分讲给孩子听，让孩子去编故事的结尾，孩子展开想象的翅膀畅所欲言，讨论这个故事有几种结局。

在美工活动中发挥想象力

绘画、手工制作能高效激发孩子的想象力。如，父母可以先给孩子画一个大圆圈，让孩子根据自己的想象，对圆圈图案进行着色，并让孩子根据自己的想象，将圆圈添加成新的物品，使画面变得丰富起来。

同时，孩子玩泥也能培养想象力。在玩耍的过程中，孩子运用揉、搓、团圆、压扁等技能，塑造自己喜欢的物体，在玩泥过程中增强了同伴间的互动交流与合作，最大限度地发挥孩子的想象力和创造力。

在音乐活动中发挥想象力

音乐能陶冶人的情操，调节人的情绪，特别是节奏明快的音乐，能使人变得振奋，通过音乐活动来发挥孩子的想象力也是十分有效的一个方法。

此外，想象的形象表达可以是多种形式的，可以是口头的，也可以是书面的。因此，当孩子在头脑中想象出一种新形象时，父母需要帮助孩子通过有效的形式把完整的形象表达出来，如孩子想象出一种会飞的汽车，可让他口述或画画，表述这种汽车的模样。

培养孩子独立思考的能力

思考是进行想象的前提。父母要培养孩子的想象力，首先得让孩子学会独立思考。这就要求父母学会逐渐放手，引导孩子试着靠自己的智慧去独立解决力所能及的事。陶行知说“发明千千万，关键是一问”，希望孩子想象力丰富，就应培养他们好问的习惯。

同时，值得提醒的一点是：父母要求孩子独立思考，并非自己可以甩手不管，而是应该花时间和精力，用可行的办法引导孩子自己找到答案，既促进亲子交流，又让孩子学习思考。

想象力是创造力的前提。爱因斯坦说：“想象力比知识更重要，因为知识是有限的，而想象力概括着世界的一切并推动着进步，想象才是知识进化的源泉。”

其实，孩子不缺乏想象力。要培养孩子的想象力，就要摒弃定势思维和所谓的“标准答案”。

孩子记忆力超群很简单

记忆力是人类智力的重要组成部分，对宝宝将来的发展将产生非同寻常的影响。记忆内容的正确性是记忆力好坏的最重要标志，迅速从记忆中提取信息的能力是个人才智的展现。因此，培养聪明宝宝，父母不可忽视宝宝记忆力的锻炼。

很多父母觉得：记忆力好坏与遗传关系密切，因此孩子的记忆力很难提高了。事实上这是不科学的说法。虽然记忆力跟遗传有很大关系，但并不完全取决于遗传因素。只要训练得当，宝宝的记忆力通过后天努力依旧可以得到大幅度的提升。

为了使孩子记得快、记得牢、记得准确，养成好的记忆能力和记忆习惯，父母在培养和提高孩子的记忆力方面，可以借鉴以下几点：

提高孩子的理解能力

只有对事物真正地理解，才能更深刻地认识它和记住它。所以应注意提高孩子的理解能力，使机械记忆与理解记忆相结合。

培养有意记忆能力

在孩子的理解能力相对较差时，机械记忆起主要作用，所以培养孩子的有意记忆能力非常重要。给孩子提出明确的记忆目的和要求，调动孩子多种感官参与记忆活动，加强有意注意力，常能取得好的效果。

注意劳逸结合

人在进行各种学习活动的时候，神经系统尤其是大脑皮质的活动是很紧张的。如果较长时间进行脑力活动，就会出现疲劳。年龄越小的孩子，持续学习的时间就应越短，否则，大脑机能下降，孩子的理解、记忆就会减弱。因此，学习一段时间以后，应该让孩子休息，使孩子的大脑消除疲劳，记忆的效果会好一些。

教孩子分段、分部分记忆

对比较复杂难记的学习内容，应教会孩子分段分部分记忆。比如：教唱一首歌，可以一段一段地教，然后整首歌连贯来教，这样就容易记住。

帮孩子复习，加深记忆

孩子记忆事物，不是一记就牢，尤其是学前和低年级儿童，记忆很难持久，必须督促孩子进行必要的复习，才能加深印象。并应该让孩子把能够运用到生活和学习中的知识经常加以运用，使孩子将知识记牢。

孩子的理解能力相对较差时，机械记忆起主要作用，因此培养孩子的有意记忆能力非常重要。给孩子提出明确的记忆目的和要求，调动孩子多种感官参与记忆活动，加强有意注意力，常能取得好的效果。

让孩子的创造力如日中天

很多父母反映：孩子天天在家看见什么东西都新鲜，都想拿到手研究一下，或者拆开来看个究竟。不让孩子拆卸或是破坏，孩子就哭闹。

事实上，捣乱是孩子好奇心的表现，好奇心则是创造力产生的源泉。如果父母能够对孩子的好奇心进行激发，便能促进宝宝创造力的培养，这些都将对孩子的聪明成长起到重要作用。

每个孩子都具有无限的潜力，他就像一粒待长成大树的种子，只要有适宜的土壤、气候和雨水，孩子定能茁壮成长为一棵大树。因此，父母一定不要浪费孩子的这个潜能，要对宝宝进行创造力的培养和提高，可以从以下几个方面入手。

提供一个合适的环境

为孩子创造一个好环境，因为环境对孩子创造力往往起主要的决定性作用。适合培养孩子创造力的家庭气氛应当是充分民主的，让孩子有充分的自主权和发言权，这有利于发挥孩子的创造力。

同时，对孩子的管教要科学，既不要太严厉，又不要让孩子为所欲为。孩子做错事情或说错话时，父母不要严加责备，更不要体罚，应该耐心仔细给孩子讲明错误发生在哪里，应怎样改正；甚至可以启发孩子，让其自己想象，应该怎样做才是正确的。

培养孩子敢于否定别人的胆识

创造力的特征就是独特性和开创性。因此，父母在培养和提高孩子的创造力时，应该鼓励孩子敢于发表自己的意见，敢于否认别人的结论，而孩子过于依赖、盲从和过分谦虚是不可能有创造力的。

帮孩子思考，培养孩子的想象力

创造力离不开想象力，想象力的培养要从教孩子思考问题开始，引导孩子从纵深方面和横向方面思考。

只有让孩于不受任何常规或框框的束缚，充分发挥自己的想象力，才能使创造力在充满自由和幻想的世界里体现出来。

同时，父母要对孩子某些无边无际的幻想，给予正确地引导，告诉他哪些想象是可能的，哪些想象是不科学的，从而使宝宝的想象尽可能符合实际。

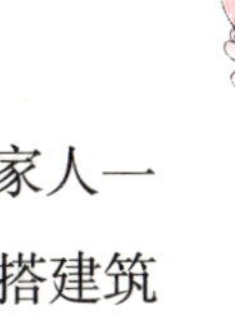

通过游戏，培养孩子的创造力

要想培养孩子的创造力，父母可以带孩子和小朋友或者和家人一起玩一些拟人化、戏剧化的游戏，如堆积土、捏小人、捏动物或搭建筑等，都可以充分发挥孩子的想象力、创造力，从培养孩子创造力着眼，选一些组合式、多用途而非成品的玩具，更能促使孩子发挥创造力。

同时，父母对孩子“创造的作品”，要给予高度关心，要懂得欣赏孩子的作品，对孩子取得的成绩及时给予表扬和鼓励，使孩子在创造过程中获得一种心理上的满足，保持充分的兴趣，从而继续提高和发展。

从身边科学入手，培养创造力

成功的创造需要创造态度、创造思维和创造技能，这些都离不开创造活动。因此，父母要有针对地让孩子参与到家庭生活中来，从身边的日常生活入手，采取多种方法培养孩子的创造力是十分重要的。如：做家务少，感到不顺手、不方便时，可启发孩子多动脑，试着改变孩子干活的方法、姿势和工具，这对孩子自己动手和自行创造能力的培养十分重要。

捣乱是孩子好奇心的表现，好奇心则是孩子创造力产生的源泉。

创造力离不开想象力，想象力的培养要从教孩子思考问题开始，引导孩子从纵深方面和横向方面思考。

只有让孩子不受任何常规或框框的束缚，充分发挥自己的想象力，才能使创造力在充满自由和幻想的世界里体现出来。

每个宝宝都是语言天才

语言发展水平的高低是孩子智力高低的一个重要标志。儿童时期是发展宝宝口语的最佳时期，父母要抓紧这个时期使之逐渐形成好的语言习惯，这是发展孩子智力，发展口头、书面表达能力、理解知识能力的重要前提。

要想尽早发挥孩子语言表达能力，父母就必须从小着手培养孩子。那么，应该怎样做才能尽早培养孩子语言表达能力呢？

父母多说，让孩子多听

有的父母很少同孩子讲话，总是以为宝宝太小，同他讲话也听不懂，因此总让孩子唱独角戏。

事实上，宝宝一出生，他的脑细胞就因生长环境中所得、所见、所闻的刺激而获得成长，这些刺激直接影响着孩子的语言发展。因此，孩子出生以后父母就可以训练引导宝宝发音，父母也应该给予丰富的语言环境，给予足够的语言刺激，要不断地和孩子交流，把语言信息留在孩子的脑子里。

鼓励宝宝多开口

孩子还不会讲话，表达某种需要时只能用动作或眼神。父母如果看到孩子伸手去抓杯子，就赶紧给喂水；孩子啊啊、呀呀地用手指着水果，父母马上满足需要……这种饭来张口，衣来伸手的生活时间长了，孩子就会觉得：我不说话，什么都能被满足，干吗要说话呢。是呀，父母的这种行为，使孩子丧失了与人讲话的欲望和开口说话的动力，最终用自己的身体语言来代替口头语言与人交往。

需要注意的是，教孩子说话还有一个目标定位，否则欲速则不达。这个定位就是：教孩子说话，要略微超过孩子的实际语言表达能力，这个能力要在大人的帮助下能够完成。比如孩子会说一个字，父母最好教两个字，孩子会说两个字，父母教三个字，这样才能使孩子的语言能力大幅度提高。如果孩子只能说一个字，父母教短语或句子，那就等于什么也没有教。

鼓励孩子多说，并且把话说完整

父母切记要用规范的普通话与孩子说话，并且不用方言或模仿孩子可爱的儿语，诸如“狗狗玩”、“洗手手”之类。孩子说——“吃糖糖”，父母要立刻纠正——“我要吃糖”，并且要告诉孩子——“你已经长大了，要把你的想法说完整。”

还可以追问——“你想吃什么糖？你能用一句话把自己的要求说清楚吗？”引导孩子说出——“爸爸，我想吃那种黑色的巧克力糖。”让孩子学会组织语言，把多种主要信息完整地表达出来，让别人听明白。

父母教孩子说话，要力求口齿清晰、用词准确，富于表现力。这对孩子逐步养成说完整的话——规范的语言非常重要。父母平时在说话时也尽量说长句，家庭语言不要过于简单、刻板，要生动、幽默些，为孩子提供样本。

多做语言游戏，丰富生活趣味

要让孩子多接触社会生活，可想方设法利用散步、睡前时间和孩子进行语言游戏，或者节假日带孩子上公园、逛商场、去书店等，引导孩子观察体会，然后不失时机地引导孩子讲述所见所闻，所想所感，这样就既锻炼了孩子记忆能力、应变能力、想象能力、扩散思维能力、概括能力等，又增进孩子对语言的理解，培养了他对语言的敏感和语言的兴趣。

给孩子念书，培养孩子阅读习惯

阅读是发展语言能力的加速器，是提高书面写作能力的重要途径。父母经常给孩子念书，每天给孩子读一会儿书，如童话故事、儿童读物等，尤其是孩子睡觉前，孩子最容易听进去。父母给孩子读书不要怕孩子听不懂，他会记住一些东西，长此以往，孩子会积累许多词汇，有时还会脱口而出。

培养孩子的语言表达能力，父母要善于针对自己孩子的生理和心理特点，抓住他的兴趣，选择适当时机，利用技巧方法进行语言训练。但应遵循一项原则：寓教于乐，只有这样，孩子才可以轻松自如地提高语言表达能力。

宝宝一出生，他的脑细胞就因生长环境中所得、所见、所闻的刺激而获得成长的，这些刺激直接影响着孩子的语言发展。

因此，孩子出生以后父母就可以训练引导孩子发音，父母也应该给予丰富的语言环境，给予足够的语言刺激，要不断地和孩子交流，把语言信息留在孩子的脑子里。

培养动手能力

俗话说“心灵手巧”，哲学家康德说：“手是外部的脑髓。”教育家苏霍姆林斯基说：“儿童的智慧在他的手指尖上。”教育家蒙台梭利说：

“手的智慧有着永恒的价值。”这些足以说明，灵巧的手是一个人大脑发育良好的标志之一。

虽然很多父母都知道动手能力和聪明程度的关系，但是却不知道如何培养孩子的动手能力。针对这个问题，有关专家给出了一些建议：

婴儿手技巧的培养

婴儿手部动作的练习技巧是从抓、拿、够、取开始的。因此，父母可以在婴儿的床上方悬吊一些小玩具，让宝宝练习自由够取。

有的孩子会坐之后喜欢敲击，会将小东西拿起放入容器内。还有的孩子会爬时，常将家中用的东西当作玩具，会撕书，扔东西，把积木放进爸爸鞋子内，把妈妈的衣服扔到地上。这时父母不要把孩子的这种行为当作淘气，而是要有意识地给孩子手的锻炼机会。

幼儿动手能力的培养

这时候的孩子喜欢拿来一些废纸用手撕，父母可以给孩子准备一些木头和棍棒让孩子敲打，买来蜡笔教他学画画，找一些不用的小瓶小盒让他配盖，为他准备一些积木和自制拼图，使孩子动手又动脑，同时还学会了技巧和专心去解决问题的能力。

此外，父母还可以给孩子准备套盒，插棍，穿珠子等游戏，培养孩子专注力，培养独立动手能力。在日常生活中让孩子拿杯喝水，用筷子吃饭，学习擦桌子扫地，这样既培养了手的技巧也培养了自理能力。

学龄前孩子动手能力的培养

到3岁时，父母还可以让孩子继续学2～3步简单的折纸，并且开始学拿剪刀，先学剪纸条，后学剪图形，可以用纸条贴成链条或方纸贴成花篮等简易纸工。

4～5岁可以剪一些较为复杂的剪贴和图案。男孩子喜欢做车、船、大炮、飞机等。

值得一提的是，父母不能急于让6岁以前的孩子写字。因为写是一种对精细运动要求非常高的活动，通常在7岁时，孩子的手部肌肉才发达到足以实现真正意义上的写。如果父母操之过急，违背孩子发展的自然规律，结果只能适得其反。

点到为智

父母不能急于让6岁以前的孩子写字，因为写是一种对精细运动要求非常高的活动，通常在7岁时，孩子的手部肌肉才发达到足以实现真正意义上的写。

培养小小音乐家

父母让孩子尽早接触音乐，除了提升孩子的音感、节拍、模仿力、创造力之外，还可以培养孩子活泼开朗的性格以及培养孩子欣赏和鉴别能力。那么，父母应该如何为宝宝营造一个充满音乐气息的环境呢？

轻唱摇篮曲

3岁以前的听觉最为敏锐，是训练音感和欣赏能力最佳的时机，也是婴幼儿时期音感发展的关键期。

因此父母可以从宝宝一出生，就训练音乐能力，如：当妈妈喂完奶后，可以轻拍宝宝的背，或轻轻推动摇篮，同时轻唱甜美的摇篮歌，这是对孩子进行音乐熏陶的好方法。

随时随地播放音乐

父母可以反复给宝宝播放一些节奏舒缓的音乐，培养宝宝的音乐感知力。值得提醒的一点是，婴幼儿时期最好从只播放一两首曲子开始，等孩子听熟了之后再更换。因为只有这样才能使孩子从多次重复听唱及学习中，产生熟悉的感觉，进而体会曲中的节拍、音调及强弱，促进孩子模仿力及专注力的提升。

在音乐中，让孩子通过情绪去体验，通过身体律动去表现，通过拍打去演绎节奏，随着孩子年龄增长，还可以通过唱歌、表演、想象、打击乐器等多种形式来表达。

玩音乐类游戏

父母可相互敲打或摩擦不同材质的东西，如陶杯、玻璃杯或塑胶袋、纸袋、玻璃纸……也可以购买一些小乐器，如铃鼓、电子琴、口琴，也可以自制一些沙球、响板等，让孩子自由地去摸摸、敲敲、吹吹，发出各种声音，激发孩子的兴趣，还可以让宝宝辨别声音的方向和不同，训练孩子对节拍的敏锐度。

总之，父母要因地制宜，为宝宝创造良好的家庭音乐环境。在引导孩子学习欣赏、打节奏、唱歌、表演、做音乐游戏的过程中，不失时机地进行音乐启蒙，激发孩子对音乐的兴趣，使孩子越来越聪明。

3岁以前的听觉最为敏锐，是训练音感和欣赏能力最佳的时机，也是婴幼儿时期音感发展的关键期。

父母可以反复给宝宝播放一些节奏舒缓的音乐，培养宝宝的音乐感知力。值得提醒的一点是，婴幼儿时期最好从只播放一两首曲子开始，等孩子听熟了之后再更换。

培养小小美术家

孩子出生半年以后，小手逐渐学会用拇指与食指拿东西，这就为孩子书写、绘画能力的发展打下了基础。

通常，孩子过了周岁就能够画画了，2岁左右就能够使用铅笔或蜡笔，画一些圆圈或直线，并试图用自己所画的简单线条来表示周围的事物。因此，这时期是父母教孩子书写、绘画的关键时期。

然而，很多父母错误地认为：教孩子学绘画，只能将孩了送到早教绘画班才行。事实上，只要父母掌握一定的教育方法，是完全可以培养和提高孩子的绘画能力的。那么，作为父母该如何培养孩子的绘画能力呢？

明确婴幼儿绘画锻炼的目的

父母要明白教婴幼儿画画主要目的是为了启蒙孩子的动手能力、想象能力和创造能力，培养孩子的专注力和安静的性格，同时培养孩子对绘画的兴趣。而不是错误地以为：对孩子进行早期绘画培养，目的就是将孩子培养成一个小画家、小美术家。

早教从鼓励孩子“涂鸦”开始

抽空带孩子到大自然中，让他多认识一些新鲜的东西，观察大自然的景象，培养他对艺术的感受，启发他心中对事物的关心和热爱。

先教孩子拿笔的姿势、用纸的方法，告诉孩子：绘画时眼睛和纸要保持适当的距离；让孩子先学画横线、竖线、曲线，再画山、河、电线杆、圆球、房子等，从简到繁，由易到难，循序渐进，反复练习。

父母看到孩子画的歪歪斜斜的圆、密密麻麻的点等等任何涂鸦，都可以引导他说出名称，并作有限的补充，使之变成一幅好的作品。这样孩子脑中的表象积累越来越丰富，绘画的兴趣越来越浓，孩子的自信心越来越足，他涂鸦的目的也逐步明朗起来，他会慢慢进入边想边画，大胆想象和创造的状态。

等孩子到了5岁以后，才到了主观感觉表现期。这时候父母可以教孩子学画立体画、透视画、展开画、鸟瞰画、指印画、剪贴画、水彩画、国画等，通过从粗到细，由部分到整体的布局和着色，提高孩子绘画的水平。

很多父母错误地认为：教孩子学绘画，只能将孩子送到早教绘画班才行。事实上，只要父母掌握一定的教育方法，是完全可以培养和提高孩子的绘画能力的。

5岁以前，父母可以先教孩子拿笔的姿势、用纸的方法，告诉孩子，绘画时眼睛和纸要保持适当的距离。等孩子到了5岁以后，才到了主观感觉表现期，父母可以教孩子学画立体画、展开画、鸟瞰画、水彩画、国画等。

聪明宝宝技能训练游乐场

每一个宝宝都是天才，只是缺乏科学引导。对于0～6岁的孩子来说，聪明的培养就在寓教于乐的游戏当中。通过游戏，促进身体健康发育，也促进心智的成长，在欢乐中埋下创造性的种子，在游戏中获得丰富的感性知识，在理论学习时指导实践，从而达到融会贯通。

与思维能力有关的益智游戏

拼几何图形

游戏目的

1 能使宝宝了解三角形、正方形、长方形、菱形等几何图形的基本特征。

2 通过拼、拆图形，让宝宝初步感知图形之间的转换关系，培养宝宝思维的灵活性和观察力，发展宝宝学习数学的欲望。

游戏方法

1 用两面完全一样的硬纸或塑料板先剪成正方形、长方形和菱形，再按对角线裁开两半成三角形。

2 将斜边向外摆放，让宝宝选择适合的三角形去拼好右侧的三种形状。

3 宝宝会找两边完全一样的直角三角形去拼正方形；找两边长短不同的直角三角形去拼长方形；找两个正三角形拼成菱形。其中较难的是将斜边向外的长短不同的直角三角形拼为长方形。

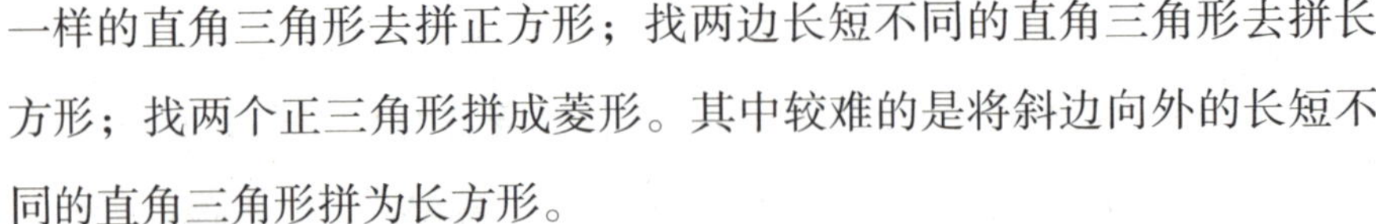

互动贴士

拼图形时，父母要提示宝宝：需要将其中一个三角形反到背面颠倒一下，否则拼不上。

找另一半

游戏目的

1 培养孩子的数学思维能力。

2 锻炼孩子的记忆力。

3 在孩子的头脑中建立“对称轴”的概念。

游戏方法

1 父母把一个对称图形从对称轴剪开，然后再画两三张同样的图形而偏离对称轴任意剪开。先给孩子出示第一张从对称轴剪开的图形。

2 注意两块纸板的边沿对齐拼成一张完整的图形，让孩子仔细观察。

3 将其中一半拿去，与其余几张任意剪开的半边图形混在一起，放在桌子上，对孩子说：“你还记得刚才看到的那张图形吧，现在它丢掉了一半，你能从桌子上的这些半边图形中找回丢掉的另一半吗？”

4 孩子找对了给予表扬，找不对可鼓励孩子再找几次，直到找对为止。

互动贴士

1 教孩子物种归类。通常，3岁孩子以吃穿用玩等用途归类，5岁孩子会分清兽和禽或昆虫，对植物能分清木本和草本，也能区分根茎叶花和果。这种分类方法是从广泛阅读和注意观察中学会的。

2 家庭中如果能让孩子有一些养殖经验，或帮助喂小动物，捡鸡蛋，喂兔子等都会使孩子增长知识。

小鸭跳水

游戏目的

1 培养孩子的思维能力。

2 培养孩子的反应能力和竞争意识。

游戏方法

1 父母先为孩子准备两双筷子、较软的羽毛若干、记分牌、小方桌。

2 将四根筷子在桌子中央摆成一个正方形，成为“水池”，父母和宝宝各坐一边。

3 游戏时，宝宝和父母将下巴靠在桌子上，用嘴吹放在桌边的羽毛（小鸭），使羽毛落入“水池”，成功一次得一分。最后以得分多者为胜。

互动贴士

1 吹羽毛时只能吹一口气。

2 宝宝取胜后，可以适当地发点小礼物以资鼓励。

3 教宝宝玩“小鸭跳水”游戏时，父母还可以用彩色纸画两只小鸭子，然后裁剪下来，涂上亮黄色，放置在桌子上。桌子的一边放上一个大水盆，水盆里放上多半盆水。妈妈和宝宝分坐在桌子的两端，每人用嘴吹小鸭，看看谁的小鸭先被吹落到水盆里。

抓俘虏

游戏目的

1 复习并巩固孩子学过的知识。

2 培养孩子的反应能力和思维敏捷性。

游戏方法

把孩子分成人数相等的A、B两队，父母做出题者。父母每出一道题，两队的第一位幼儿就立即抢答。先答对者为胜，后答对者或答错者为负，同时答对或都答错者则为平局。

答完后，负者被“俘”，随胜者一同排到胜者的队尾去；如果平局，则双双回到原来各自的队尾。父母继续出题，再由每队第二名孩子抢答。

两队全都答过一遍之后看哪队的“俘虏”多，即为胜者，奖给小红花。

出题举例：

① 你能说出两种植物的名字吗？

② 什么动物的尾巴短？

③ 哪个季节晚上长，白天短？

④ 迎春花什么时候开？

⑤ 橘子和黄瓜都是水果，对吗？

⑥ 什么虫子晚上亮晶晶？

⑦ 天安门在哪儿？

⑧ 5+2=?

⑨ 最热和最冷的季节是哪两个？

⑩ 6−4=?

互动贴士

父母在出题时，应根据自家宝宝的实际情况、发展水平和教育计划来进行。

拼句游戏

游戏方法

1 帮宝宝培养观察、分辨、比较、判断能力。

2 有助于对宝宝进行思维能力的综合训练，从而记住许多以前不懂的句子和生词。

游戏方法

1 将汉字卡放在桌上，妈妈和宝宝相对而坐。

2 妈妈说一句话，如：小白兔吃青草。宝宝要根据妈妈的话，从桌上找出一张相应的字卡，并拼接成简短的句子。

3 如果宝宝拼接对了，妈妈要给予适当的鼓励和称赞。

4 当宝宝能够顺利拼接短句时，妈妈可以增加游戏的难度，如让宝宝拼接短诗。

互动贴士

1 本游戏适合宝宝已经在一定的识字量基础上进行。

2 一开始玩该游戏，妈妈可以先用带有图画的汉字卡片，这样宝宝可以首先根据图画来选择相应的汉字卡。

找 朋 友

游戏目的

1 培养孩子思维敏捷性。

2 培养孩子在集体场合大胆说话的能力。

游戏方法

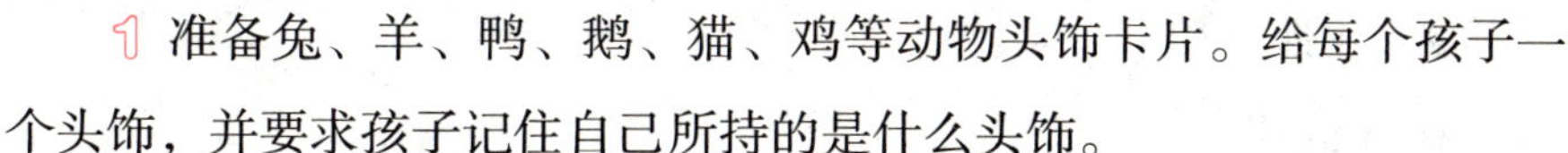

1 准备兔、羊、鸭、鹅、猫、鸡等动物头饰卡片。给每个孩子一个头饰，并要求孩子记住自己所持的是什么头饰。

2 孩子围坐成一个圆圈，戴上头饰。

3 全体孩子拍手，一个孩子边拍手边有节奏地念：“找呀找，找朋友，我的朋友是小兔。”

4 扮小兔的孩子接下去说：“找呀找，找朋友，我的朋友是小鸡。”

5 扮小鸡的孩子又接下去说：“找呀找，找朋友，我的朋友是小猫。”

互动贴士

1 游戏中，孩子可随便找某种“动物”为朋友。孩子的声音必须大而清晰。

2 被找着的“动物”需马上接下去找，如果接不上来或说错，要给大家表演一个节目。

找“镜子”

游戏目的

训练宝宝的思维能力、想象力，发展宝宝求异思维能力。

游戏方法

1 父母用盆装一盆清水让孩子往里面看，问：“宝宝，你看见盆里有什么？”孩子可能会说“我的脸”。

2 父母可继续启发孩子：“你在做什么？”孩子可能会说“在照镜子”。父母要肯定孩子的答案，并问：“用水可以当镜子照，那么你能不能想出，还有什么东西可以像镜子一样照出人来呢？如果孩子想不出来，父母鼓励他：“找一找，看什么东西能照出宝宝来？”

3 父母可有意把孩子领到厨房，当孩子在不锈钢锅上看到自己时，他会很高兴。

4 父母继续鼓励他揭开盖子往里边看，看还能不能看见他自己，再用盖子也照一照。

互动贴士

1 家里还有很多东西可以像镜子一样照出人影，如不锈钢汤匙、玻璃板等。

2 在游戏进行时，父母可多给孩子一些思考时间，不要急于告诉孩子答案，以充分发展孩子的思维力。

扑克牌接龙

游戏方法

1 能学会数字排序，辨识数字。

2 提高分类能力和比较能力。

3 扑克牌游戏还能加强宝宝注意力，使宝宝的注意时间延长。

游戏方法

1 妈妈先教宝宝认识扑克上的数字和各自的符号。

2 妈妈和宝宝各持一半扑克牌进行接龙。如妈妈可以随意出一张牌“红桃5”，引导宝宝一个一个花色慢慢找，如：先看红桃这一排的数字，上面可接什么？下面可接什么？直到

宝宝找到“红桃4”或“红桃6”分别接在“红桃5”的前后。

3 当宝宝掌握了游戏玩法时，妈妈可以同时进行红桃、黑桃、方块、草花四个花色的接龙，以提高游戏的难度。

互动贴士

1 扑克是一种非常好的数学学具，父母可以利用扑克牌教宝宝玩很多花样的益智游戏。

2 刚开始，宝宝可能会找扑克牌找得很慢，或看不到可出的牌。妈妈要引导宝宝将手中的牌，首先按照花样分类，接着再按照数字顺序排一排，有了系统之后，宝宝找扑克牌就比较容易了！

接力算

游戏目的

训练孩子思维的敏捷性和反应能力。

游戏方法

1 准备一些纸以及10以内加减计算题，请孩子和孩子的小伙伴一起来玩。

2 先给两个孩子发相同数目、相同的题，让孩子快速、依次计算题，算得对且快的孩子为胜。

3 可多次重复进行。

互动贴士

1 父母在为孩子出题时，应根据孩子自身的特点和水平，并且所出的题应有易有难。

2 游戏进行时，所用的题应由易到难。

培养观察力的经典游戏

都是谁的脚印?

游戏目的

1 让孩子初步接触图表游戏，学会进行图表游戏。

2 培养孩子观察的持续性和概括性。

3 扩大孩子注意力的范围，减少孩子注意力的分散性，提高孩子注意力的稳定性。

4 培养孩子关心他人的良好品质。

游戏方法

父母在让孩子看图片前，可先给孩子讲一个故事，以吸引孩子的注意力。

在孩子观察图片的过程中，父母最初1分钟内不用提示孩子，1分钟后可用适当的语言提醒孩子；例如：什么的爪子尖尖的、细细的？什么的爪子扁扁的、宽宽的？什么的爪子……直至孩子联系自己已有的生活经验，加上观察到的情况而告诉妈妈是小鸡、小鸭、小猫和人的脚印。这时，父母要给予孩子肯定性的表扬。

故事内容：

有一天，明明的小屋里来了几个小客人，他们都是明明的好朋友。这几个好朋友到明明家的时候，明明不在家，于是它们都悄悄地溜了进去，藏了起来，想让明明猜猜都来了谁。结果明明走到家门口，看到门前的地板上有好多脚印，可聪明的明明看了看却怎么也猜不出来了哪些好朋友。现在，妈妈把地板上的脚印给宝宝看一看，让宝宝帮助明明好不好。

互动贴士

1 父母讲故事要绘声绘色，以吸引孩子的注意力，并且使孩子学会聆听别人的谈话。

2 在孩子观察图片时，父母要给予孩子充分的观察和思考时间，不要急于提醒孩子或代替孩子完成游戏。

3 在孩子作出了正确的判断以后，父母要及时表扬孩子，培养孩子的成就感和自信心。

4 本游戏的重点部分在孩子观察图片时，可培养孩子观察的持续性和概括性。

帮助小动物

游戏目的

1 训练孩子观察的目的性和持续性。使孩子按父母的要求观察，使孩子持续地注意观察某一事物。

2 加强孩子注意力的集中程度。强调在无干扰情况下，孩子有意注意能力的培养。

3 培养孩子爱帮助别人的情感，丰富孩子的知识。

游戏方法

妈妈先告诉孩子，有几只动物很饿很饿，它们的食物都在不远的地方，可是它们不知道怎样才能吃到食物，请宝宝来帮助它们。

让孩子想一想，并遵循以下步骤：

1 让孩子想一想四种动物狮子、猫头鹰、熊猫、兔子的食物分别是肉、老鼠、竹笋、萝卜。应该让孩子自己观察总结得出。

2 告诉孩子，四个动物现在很饿了，请宝宝用一条线把它们的食物和它们连起来，但是，连线一定不能交叉，要不然，它们吃不到自己的食物，反倒会在寻找食物的过程中被别的动物吃掉。

互动贴士

1 游戏的步骤一，父母不应提示孩子，应让孩子独立思考，得出答案。

2 游戏的步骤二，父母应对孩子稍加提示，并鼓励孩子大胆地连线，错了可以重新再画。本游戏的重点部分在于孩子的连线部分。

哪儿有变化了

游戏方法

1 培养宝宝认知能力和语言表达能力。

2 培养宝宝视觉辨别能力和解决问题的能力。

游戏方法

1 妈妈首先穿好一套衣服和配饰站在宝宝面前，让宝宝能够清楚地看见你，并且提醒他你的装束。

2 等宝宝观察完妈妈的装束以后，让宝宝描述一下你的衣服和饰物。

3 宝宝描述完以后，妈妈走到卧室重新装扮一下自己，装扮自己可以只简单去掉或者改变某一件衣服或饰物，如解开毛衣的纽扣，把表戴在另一只手上，或者摘下项链，把袜子里外反过来穿等。

4 换好装束以后妈妈走出卧室，重新站在宝宝面前，让宝宝猜猜自己哪里有

变化。

互动贴士

如果宝宝喜欢，妈妈还可以让宝宝去卧室装扮自己，换妈妈来猜宝宝哪儿有变化了。

苹果和鸭梨

游戏目的

1 训练宝宝的观察力，通过观察能找出两样事物的同与不同。

2 找出事物的外在联系与内部联系。

3 训练宝宝的思维能力。

游戏方法

1 妈妈把一个大苹果和一个大鸭梨放在桌上，对宝宝说："苹果和鸭梨有很多相似的地方，宝宝认真地观察一下，告诉妈妈，到底它们哪些地方相似？"

2 宝宝回答："好吃，是甜的，都是树上结的……"

3 父母帮助宝宝把共同点找全。（好吃、甜的、水果、树上结的，都有颜色）妈妈对宝宝的回答提出表扬："啊，真不错，宝宝真聪明。那么，它们究竟有什么不同呢？"引导宝宝回答：颜色不一样（一个红一个黄），形状不一样（一个圆的，一个是葫芦形的）……

互动贴士

1 父母对宝宝的回答提出表扬，奖给宝宝一个大苹果或一个大鸭梨吃。并总结出苹果和鸭梨的特征，以强化宝宝的记忆。该游戏既找相似点，又找不同点。

2 也可只进行其中的一项，只找相似点，不找不同点，或者只找不同点，不找相似点。具体情况由父母根据观察对象以及宝宝的实际情况来决定。观察的对象可以是各种各样的，像植物、动物等。

观察小露珠

游戏目的

1 培养孩子观察的目的性，培养孩子观察的持续性。

2 培养孩子的有意注意能力，加强孩子注意力的集中性。

3 培养孩子对大自然的热爱之情。

4 培养孩子热爱科学，勇于探索的精神。

游戏方法

父母可选择一个假日的清晨，带领孩子到郊外去观察露珠。观察的最佳时间和最佳地点都要事先选择好。

带领孩子来到一片草坪旁，爸爸、妈妈和孩子都蹲下来仔细地观察；看看小草上有些什么？孩子很容易就会观察到有小水珠。爸爸、妈妈就要对孩子的回答予以肯定，是水珠，但我们通常把这种圆圆的、亮晶晶的水珠叫做露珠。爸爸可以告诉孩子，今天我们的观察对象就是露珠，这就给孩子强调了观察的目的性。

随后，让孩子继续观察，露珠都有什么特点？孩子站在不同的角度观察，发现露珠是一闪闪的，就像宝宝在眨眼睛。这时，父母就可及时作总结：露珠实际上就是水珠，它圆圆的，亮亮的，一闪一闪的。

游戏到此休息一段时间，父母可和孩子在草坪边做一做别的运动。一段时间后，重新蹲下来观察露珠，这时，孩子的注意力就应由运动转移到观察露珠上来，实现注意的转移。

再看时，孩子会大喊，“咦，露珠不见了，露珠哪去了？父母可对孩子的提问稍加解释：露珠不见了是露珠被太阳蒸发掉了，太阳带露珠去旅行了，游戏到此结束。

回家后，父母可对此次游戏作总结：大自然是很奇妙的，大自然里有很多奥妙，只要宝宝肯观察、爱思考，就一定能够找出很多很多的秘密来。

互动贴士

1 由于孩子的知识有限，所以在对孩子解释一些科普性问题时，应考虑孩子的接受能力，把科普术语尽量口语化，或者做比喻给孩子听，便于孩子理解接受。

2 本游戏的重点部分是对露珠的观察部分。

谁最先被晃出来

游戏方法

1 引导宝宝把最为喜爱的沙子、球类游戏合在一起，相信他会有更多类似的推陈出新的创举。

2 从实践中获取真知，鼓励宝宝在实际操作之前进行大胆的猜测与想象。

游戏方法

1 爸爸在纸箱里装上沙子，把几个球都埋入沙子中。

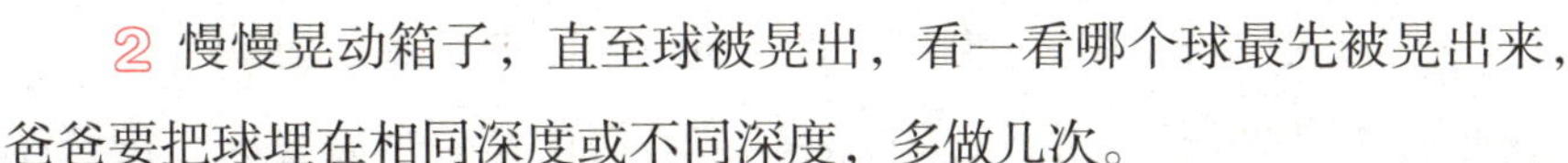

2 慢慢晃动箱子，直至球被晃出，看一看哪个球最先被晃出来，爸爸要把球埋在相同深度或不同深度，多做几次。

3 经过多次试验，让宝宝认真想一想，为什么第一个出现的总是乒乓球？

互动贴士

1 让宝宝自己亲自做一下这个游戏。

2 爸爸带领宝宝一起上网找一找答案。并且告诉宝宝答案解析是：因为沙子有空隙，一经晃动，沙子成了流动体，不断地流向空隙处，所以轻的东西就会最先被晃出来。

大小与长短

游戏目的

1 发展孩子的观察力，分析问题、找规律的能力。

2 教孩子学会用同类物体比较大小、长短。

3 培养孩子认真细致的态度，增加孩子注意力的坚持性。

游戏方法

1 让孩子认识大小。父母事先要准备二大二小四个花皮球，二大二小四个杯子，二大二小四个玩具汽车，二大二小四个玩具娃娃等等孩子比较熟悉的物品和玩具，要求孩子说出哪个大，哪个小。

2 让孩子认识长和短。父母事先要准备二长二短四把尺子，二长二短四支铅笔，二长二短四根蜡烛等日常生活中常见的物体，要求孩子说出哪个长，哪个短。

3 首先和孩子进行“谁和我拿的一样”游戏，妈妈拿起大皮球，孩子也拿起大皮球；妈妈拿起长尺子，孩子也拿起长尺子。孩子必须仔细观察妈妈的动作，并且敏捷地拿起和妈妈相同的物品。这一游戏训练孩子敏锐的观察力和快速的反应能力。

4 第二和孩子进行“谁和我拿的不一样”的游戏，游戏进行时，爸爸和妈妈可先给孩子进行游戏示范，妈妈拿起一个大皮球，爸爸就拿起一个小皮球；妈妈拿起一把长尺子，爸爸就拿起一把短尺子……

5.如此反复进行两三次，看看孩子的反应如何。

互动贴士

1 如果孩子仍没有观察出游戏规则，爸爸可对孩子进行语言提示：“仔细看看爸爸每次和妈妈拿的一样不一样，有什么不同？”在孩子明白了游戏规则之后，再让孩子参与其中，而且游戏的速度可越来越快，加快孩子的反应速度。

2 准备的实物特征一定要明显，即皮球的大小对比要明显，长短对比也要明显，以便孩子树立明确的大小、长短概念。

3 游戏过程中，两个游戏的规则尽量让孩子自己观察总结得出，用以培养孩子的观察力。本游戏的重点部分是孩子看父母的游戏示范，从中观察、总结出游戏规律。可培养孩子敏锐的观察力。

我开大汽车

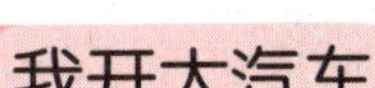

游戏目的

1 训练宝宝的观察力，提高宝宝观察的目的性，使宝宝能够初步按照成人的要求去观察事物。

2 训练宝宝的注意力，使宝宝对于自己感兴趣的事物能够较长时间地集中注意力。

3 培养宝宝对工人叔叔的尊敬，教会宝宝懂得爱惜别人的劳动成果。

4 发展宝宝的自我意识。

游戏方法

爸爸带宝宝上大街，并对宝宝说："今天，爸爸带宝宝到街上去，我们去大街上看汽车，去看司机叔叔怎样开汽车。宝宝今天一定要看仔细，回家后，我们玩一个开汽车的游戏。"说这话以引起宝宝的观察兴趣，并且让宝宝明确观察的目的和任务。

爸爸带宝宝上街，先看大街上来来往往的都有什么车。

每看到一种车，爸爸都指给宝宝看：小汽车，公共汽车……

看一段时间大街上的车后，爸爸领着宝宝上一辆公共汽车，坐在车的比较靠前部位，让宝宝能够看到司机叔叔开车，并且要求宝宝仔细观察司机叔叔怎样开汽车。

回到家中，爸爸在对大街上的车，以及司机如何开车稍作总结后对宝宝说："现在，我们一起来玩一个开汽车的游戏，我请宝宝当司机。"给宝宝一把椅子，让宝宝坐着，爸爸也拿一把椅子，坐在宝宝后面。"好，司机同志，现在请开车。"宝宝坐在椅子上，做出手扶方向盘的样子，爸爸可在后面对宝宝的动作加以纠正和提示。

互动贴士

1 爸爸带宝宝上街要注意安全，不要让宝宝独自乱跑。

2 爸爸应明确带宝宝上街的目的，一定要让宝宝有目的地观察事物。

3 回到家里进行游戏时，爸爸可在宝宝"驾驶"汽车的时候向宝宝灌输一些司机工作辛苦的知识，要让宝宝尊敬司机叔叔，珍惜别人的劳动。

提高专注力的训练游戏

按顺序穿珠子

游戏方法

1 培养宝宝精细动作的能力。

2 锻炼宝宝的耐心和自控力。

3 教宝宝认识颜色和排位顺序。

4 锻炼宝宝的记忆力。

游戏方法

先练习用两种颜色间隔穿珠子，如红色和白色珠子间隔穿出来的项链十分好看。

再练习用三种颜色间隔穿珠子，如红、黑、白三色相间也十分好看。

互动贴士

1 按顺序穿的珠子因颜色均匀而好看。

2 再练习按相同顺序穿，如妈妈先把红、白、绿、黑、蓝、黄色的珠子穿上一组，让宝宝按此顺序再穿一遍；或者每六种颜色后面加上一个小白珠以作为一个阶段。

爸爸和妈妈

游戏目的

1 培养孩子的有意注意能力，培养孩子注意力的稳定性，减少孩子注意力的分散性。

2 训练孩子观察的目的性和持久性。

3 培养孩子对爸爸、妈妈热爱的感情，教孩子学会爱别人。

4 让孩子明确“人”的概念和人与人之间的区别。

游戏方法

此游戏可选择在节假日家人团聚时进行。游戏时，爸爸、妈妈和孩子坐在一起，对孩子说我们今天玩一个爸爸、妈妈和宝宝的游戏。

让孩子坐在爸爸、妈妈的对面，爸爸、妈妈并排坐在一起。妈妈对宝宝说：“现在，请宝宝仔细看一看，爸爸、妈妈的头发有什么不同？“孩子回答：“妈妈的长，爸爸的短。”爸爸、妈妈及时肯定并表扬孩子。

爸爸可接着再请宝宝仔细再看一看，爸爸、妈妈的眉毛有什么不同？孩子回答：“妈妈的细，爸爸的粗。”妈妈接着再问：“请宝宝仔细看一看，爸爸、妈妈的耳朵有什么不同？”孩子回答：“妈妈的耳朵有耳环，爸爸的耳朵没有。”如此爸爸、妈妈轮流提问孩子，最初问的问题应是单一而且特征明显的，孩子通过简单地观察即可回答。

简单的问题之后，可问一些较为复杂的问题，扩大孩子的观察范周。比如妈妈可问：“爸爸、妈妈的脸有什么不同？”诸如此类的问题。在孩子感到无从回答时，可给孩子稍加提示，告诉孩子脸上有眉毛、眼睛、鼻子、嘴巴等，让孩子一个一个去观察去对比。除了让孩子观察爸爸、妈妈外，还可让孩子转换观察对象，观察爷爷和爸爸，观察奶奶和妈妈，观察爷爷和孩子自己等。

采取的提问次序同上。

在游戏结束时，爸爸、妈妈可加总结，告诉孩子什么是人，男女差别、老幼差别，以丰富孩子知识，同时，还可给孩子讲一些尊老爱幼的知识，培养孩子良好的思想道德品质。

互动贴士

1 本游戏进行前，爸爸、妈妈应作好充分的准备，比如妈妈可把长发披开，戴上耳环、项链等等和爸爸以示区别，便于孩子观察，孩子明确男女差别的概念。

2 游戏过程中爸爸、妈妈的提问应循序渐进，由浅入深，由易到难。而且提问的内容一定要是特征明显的问题。

3 本游戏的重点部分是爸爸、妈妈循序提问部分，既培养了孩子的有意注意能力，又训练了孩子的观察力。

筷子比赛

游戏方法

1. 重在锻炼宝宝手指的灵活性。
2. 进一步巩固宝宝正确使用筷子。

3 培养宝宝的专注力。

游戏方法

1 妈妈示范筷子的拿法给宝宝看，接着让宝宝试着用筷子去夹东西，和爸爸比赛。

2 在两个碗里放进那些小零食，宝宝和妈妈各拿着一个碗，再给他们另一个空碗。

3 当妈妈说开始时，宝宝和妈妈就得用手上的筷子把碗内的东西夹进空碗里。

4 第一个完成的则为胜者。等全部结束后，可以让胜者吃掉这些零食作为奖赏。

互动贴士

妈妈碗里的东西最好是宝宝的4倍左右。

小听众

游戏目的

1 培养宝宝的注意力，训练宝宝注意力的稳定性。

2 提高宝宝的语言理解能力。

3 教会宝宝集中注意力，聆听别人的谈话。

4 培养宝宝良好的礼貌习惯。

游戏方法

让宝宝和爸爸比赛，互相注视对方，比一比，看谁注视对方的时间长。这一项活动可训练宝宝注意的坚持性。这也是训练宝宝注意力的一个好办法。

由妈妈给宝室讲故事，故事的内容是宝宝十分喜欢听的。

妈妈可用自己的故事内容来吸引宝宝，提高宝宝的注意力。故事长，宝宝注意力坚持的时间就长；故事短，宝宝注意力坚持的时间就短。所以，父母讲的故事应有一定的顺序性，由简单到复杂，由短到长。

爸爸说："现在命令，把手放在纸上！""现在命令，站起来！""现在命令，举起手来！""现在命令，围椅子转一圈儿！"……要求宝宝根据听到的指示做出相应的动作。

互动贴士

训练时一定要依据宝宝的具体情况来决定时间的长短，而不应勉强宝宝坚持集中注意力，否则会起到相反的效果。

玩具总动员

游戏目的

1 训练孩子的注意力，使孩子能够开始服从于父母提出的目的、任务。提高孩子注意的稳定性和分配能力。

2 训练孩子的观察力，提高孩子观察的概括性，使孩子能够在一定程度上把事物的各个方面、各个部分联系起来，找出它们之间的相互关系。

3 养成孩子整洁的好习惯。

4 培养孩子的分类整理能力。

游戏方法

有的玩具，孩子也许玩了好几年，比如汽车、飞机等交通类玩具，积木、积塑等益智类玩具，书本、画片、画册等玩具，都会不同程度地出现破损。

父母可把孩子所有的玩具都收集到一起，让孩子自己找出其中破损的玩具。这时就要求孩子仔细地观察玩具，找出破损的，并进行修补。比如说对图书进行粘贴，把掉了的汽车轮子装上等等。这样既训练了孩子的观察力，又发展了孩子的思维力、创造力。

父母给孩子几个放玩具的大箱子，告诉孩子，把玩具按类别整理放在不同的箱子里。比如交通类的玩具放到一个箱子里，画册放到一个箱子里……然后父母离开，让孩子独自一人在房子里整理玩具，看看孩子的注意力能坚持多长时间。过一段时间父母应去看一看孩子，看孩子是否仍在坚持，若孩子没有坚持，父母对孩子进行提醒，提醒孩子加强注意，继续整理玩具，直到玩具整理结束。

孩子整理好玩具后，父母应首先对孩子进行表扬和鼓励，以培养孩子整洁的好习惯。其次，父母应对孩子的整理进行检查，看有没有分类分错的，若有，应及时指出来，让孩子加以改正，以免造成孩子的错误认识。

互动贴士

1 该游戏不一定要放在孩子上小学前，也可每个月进行一次，既训练了孩子的注意力、观察力，又培养了孩子爱整洁的好习惯。

2 对玩具的分类对孩子来说有一定的难度，父母可提前给孩子分好。

3 让孩子整理玩具时，父母可间隔5分钟左右去看一次，看孩子是不是在继续整理玩具（这时父母应给予孩子及时的表扬）。若孩子拿着某样玩具在玩，则表明孩子的注意力转移，父母则应提醒孩子，应继续整理玩具。

4 修补玩具时，父母应给孩子提供一定的工具和原料，并协助孩子共同完成。

流动的圆锥型旋涡

游戏方法

1 通过简单的实验，让宝宝观察并了解一些生活现象。

2 增强宝宝的专注力和观察力。

3 通过思考和学习游戏的原理，从而增强宝宝对简单科学实验的浓厚兴趣。

游戏方法

1 在玻璃杯中加入多半杯水，把沙子倒入水杯中，沙子的量以1～2厘米高度为宜。

2 父母用筷子在玻璃杯中沿圆周方向快速搅拌，使水和沙子都转动起来之后停止。

3 待水面平静之后，看看沙子在玻璃杯中是否变成有着圆锥形顶的小沙堆。

4 告诉宝宝形成这种现象的答案是：水被快速搅动后，会出现漩涡式流动，与此同时在多种因素的共同影响下，这种流动的力量就使沙子堆积成一个圆锥形。

互动贴士

最好给宝宝准备木头筷子，以免宝宝搅动时玻璃杯破碎。

有趣的影子

游戏目的

1 训练宝宝注意力，训练宝宝在父母的提醒下，坚持注意达3～5分钟。

2 训练宝宝的观察力，使宝宝满怀兴趣地观察新奇的事物。

3 训练宝宝追踪事物的能力。

4 使宝宝情绪愉快。

5 满足宝宝的好奇心。

游戏方法

爸爸事先准备一面小镜子。选择一个大晴天，阳光充足的时候进行游戏。

游戏开始，爸爸拿着小镜子，人站在阳光能够照射到的地方，朝家中的阴影部分晃动。可先对准家中的白墙，光斑落在墙上，爸爸拿着镜子一晃一晃的，墙上的光斑也一晃一晃的，这样可以较快地吸引宝宝的注意力。

在宝宝发现了墙上的光斑以后，父母可以引导宝宝去捕捉光斑，爸爸可到处晃动，使光斑落在不同的地方，引导宝宝四处活动去捕捉光斑。

游戏告一段落，在宝宝休息时，爸爸可做使光斑出现并晃动的动作，引导宝宝去观察为什么会出现光斑。若宝宝不明白，父母可进一步向其解释。

互动贴士

1 游戏开始时，为了吸引宝宝的注意，父母可把镜子的反光先反射到孩子的身上（但不能照到宝宝眼睛上），吸引了宝宝注意力后再照向别处，引导宝宝去捕捉。

2 爸爸还可让宝宝站在阳光下，让宝宝拿镜子在手里照射在屋内阴暗的地方，引起宝宝游戏的积极性。

穿小鱼

游戏目的

1 训练宝宝的注意力，使宝宝的注意力能较长时间地集中在宝宝感兴趣的活动上。培养宝宝有一定的专注力。

2 促进宝宝手眼协调。

3 发展宝宝手口一致点数的能力。

游戏方法

妈妈游戏前应准备几十枚别针和几根较硬的绳子（比如纸绳、尼龙绳等）。

妈妈对宝宝说："今天我们有了好多好多的小鱼（拿起别针给宝宝看）。我们用绳子把它们穿起来。"

然后妈妈拿起一根绳子："好，先请宝宝注意看，妈妈怎样穿小鱼。"妈妈用绳子穿别针，一枚一枚地把别针穿在绳子上。穿好以后，晃一晃绳子，让别针发出一阵响声、吸引宝宝的注意。"呀，一串小鱼！我们一起来数一数，有多少条小鱼呀！"

妈妈和宝宝一起数小鱼。注意数一个就往旁边拨一个。数完后，妈妈说："我们还有很多的小鱼要穿起来，宝宝，请你帮妈妈一起穿小鱼，好不好？"

互动贴士

妈妈和宝宝一起穿小鱼，穿的过程中鼓励宝宝边穿边数。

磁铁吸引效应

游戏方法

1 通过对物体能被磁铁吸起这种现象，吸引宝宝注意。

2 宝宝在玩磁铁中产生有关“磁现象”的许多问题，培养宝宝的分类能力和认知能力。

3 增强宝宝的科学观念和实验能力。

游戏方法

1 给宝宝准备一块适合的磁铁，磁铁的磁力要够大，但又要在宝宝的控制能力范围之内。

2 妈妈用一些铁制品如铁钉、铁锁等帮宝宝演示一下磁铁的特性。

3 然后将这些铁制品和塑料玩具、布宝宝等分散在房子的四周，让宝宝带上磁铁找找看，哪些物品可能被吸住。

4 等游戏做完，让宝宝说说能被磁铁吸住的物品有什么共性。

互动贴士

1 确保铁制品不要太大，以免不能被磁铁吸上。

2 目前宝宝可以玩的磁铁玩具有很多，如磁性迷宫、捉老鼠、磁性钓鱼、小狗争吵等。这些玩具也可以自制，如磁性捉老鼠玩具：用一旧盒子盖，盖面朝下，画上老鼠的地下孔道，然后用纸折一只老鼠，将回形针别在老鼠头上，放在孔道上，用磁铁做一小棒在盒子底下来回移动，小棒的磁性吸住回形针上的小老鼠，把老鼠引出孔道口，就被抓住了。

发挥想象力的训练游戏

设计衣服

游戏目的

1 引导孩子学习在父母的提问下，仔细观察、思考、交流自己对衣服的认识。

2 训练孩子注意倾听同伴的谈话，并能在别人谈话后进行补充。

3 提高孩子动手操作能力以及勇于表达自己观点的能力。

游戏方法

1 父母洗完衣服后，将衣服晾起来，引导孩子观察衣服的样式、质地、颜色，使孩子了解四季服装的不同，认识不同季节的服装。

2 父母和孩子一起设计服装，可采用绘画、剪贴、拼画等多种形式进行，让孩子发挥想象，设计出平时常见的服装款式，然后让孩子从颜色、式样、功能几方面谈谈自己设计的服装。

3 提问孩子还知道有哪些特殊功用的服装：父母可以提一些具体的小问题，帮孩子打开思路。如：下雨天我们穿什么样的服装？这种服装有什么特点？（雨衣，防雨）

4 摔跤运动员穿的是什么样的服装？有什么特点？（宽松的衣服，腰间系带子、非常牢固、撕不破）

5 跳水运动员穿的是什么样的服装？有什么特点？（紧身的、有

泳帽）

6 还有诸如击剑运动员、消防人员、宇航员的服装等，都有什么特点。让孩子了解各种各样服装的用途和特点。

互动贴士

父母应该由浅入深地层层提问，促进孩子仔细观察自己与他人的服装，并能准确地介绍各式各样的服装。

创意拼图

游戏方法

1 培养宝宝的分类和认知能力。

2 培养宝宝自己解决问题的能力。

游戏方法

1 妈妈先准备一张有趣的动物图片，在大纸板上放固体胶，把图片粘贴到大纸板上。

2 晾干后，再用黑色水彩笔在图片上画出简洁的几条粗线，按照这些曲线，用剪刀把图片剪成几块，这就制作成了一块块的拼图，把拼图放到小盒子里。

3 把小盒子里准备好的拼图放在桌子上，让宝宝打开小盒子，取出这些拼图，把它们慢慢拼起来。

4 等宝宝把图片拼好以后，让他说说拼好的图片上是什么内容。

互动贴士

1 如果宝宝有需要的话，给他一点提示。

2 在宝宝身边小心使用固体胶，当心别让宝宝误食。

猜谜语

游戏目的

1 猜谜语是一个传统的益智游戏，能培养宝宝分析和判断能力。

2 促进宝宝思维能力的发展。

3 能使宝宝学习和积累各种词汇以及描述性的语言，对宝宝的口语发展有一定的帮助。

游戏方法

1 妈妈和宝宝相对而坐。

2 妈妈说谜面，如："眼睛好像珍珠豆，身穿五彩绣花袍，代代住在水晶宫，摇头摆尾乐陶陶。"宝宝根据妈妈的谜面猜出谜底：金鱼。当宝宝猜测有困难时，妈妈应给予提示和解释。

3 妈妈继续给宝宝出谜面，让宝宝猜谜底，谜底应该是宝宝熟悉的事物。

4 让孩子出谜语，父母猜。

互动贴士

1 父母应根据孩子的年龄特点，选择孩子所熟悉事物的有关谜语。

2 孩子猜谜出现困难时，父母要用语言或相关图片引导、启发他。

3 一开始父母要尽量给宝宝出谜面字数简短，谜底是常见的生活用品的谜语。

骑 马

游戏目的

发展宝宝身体动作的协调性，训练宝宝的想象力。

游戏方法

在进行游戏前，父母让宝宝看有关骑马的图片或电视，以便在孩子的头脑里留下骑马动作的表象。

游戏进行时，父母先问孩子："大人是怎样骑马的呀？"然后启发孩子想象，并模仿出大人骑马时的样子。

为了增加孩子的兴趣，父母可为孩子准备竹竿或别的东西代表马。然后父母再针对孩子的反应和动作表现，进行适当地引导和帮助，使孩子逐渐学会骑马奔跑的动作。即：两只脚始终是一只脚在前、另一只脚在后做轮流向前跑动的动作；同时，一只手拿着竹竿，另一只手臂屈肘置于身体的一侧，手微握拳，像是手握住马的缰绳一样，配合着两脚做协同一致上下颠簸的动作。

互动贴士

1 可以在前面带着孩子一起做骑马的动作，也可以和孩子并排地做。

2 游戏通常安排在孩子能较轻松、较自然地做跑步的动作以后进行。

3 游戏中，父母和孩子一起做骑马的动作是很重要的。一方面，孩子可以从中模仿父母的动作，更快地掌握骑马的动作要领；另一方面，由于父母的参与，可以很好地调动孩子参加活动的积极性和兴趣。

学做饭

游戏目的

发展宝宝的想象力、表象构成能力以及创造思维能力。

游戏方法

1 父母为孩子准备好一些玩具厨具，如锅、碗、铲、勺子、切菜刀等。孩子往往对妈妈做饭很神往，父母可以给他一些不用的菜叶，让他去切、去炒。

2 切的时候，父母可以提醒孩子“小心点，别把手切了”。

3 炒的时候，父母可以提醒他“放点盐，菜才有味儿”，然后，递给他一个空瓶子，让他假装往里放盐。

互动贴士

2岁多的孩子对游戏的动作很感兴趣，但是他的角色意识还很弱。比如给他菜叶，他会去切，但是没有想去扮演角色。如果父母乘机引导说：“你是小厨师，让妈妈尝尝你做的菜香不香。”经过父母的提醒，有角色的游戏就产生了。

报纸撕贴

游戏目的

1 宝宝根据自己的意愿进行撕贴，使宝宝的想象力得到充分的发挥。

2 使宝宝的动手能力得到提高。

游戏方法

1 妈妈用有趣的语言激发宝宝进行报纸撕贴的兴趣。

2 妈妈先进行撕贴示范：从旧报纸上撕下一片圆纸片，涂上固体胶，贴到白纸上，再用水彩笔在圆片四周画上彩色光芒，然后对宝宝说："宝宝，我们做好了一个太阳，你还想做什么？"

3 妈妈根据宝宝的意愿，协助宝宝从旧报纸上撕下各种图形（简单的图形让宝宝独立撕），涂上固体胶，贴到白纸上。并让宝宝用水彩笔给图形和画面添加辅助图片。

4 当宝宝完成作品后，妈妈给予鼓励与称赞。

互动贴士

1 在宝宝进行撕贴过程中，妈妈要教宝宝从简单的图形开始。

2 完成作品后，妈妈应引导宝宝讲述画面的内容，使画面零星的图案得到有机地结合。

3 在宝宝身边小心使用剪刀和胶水。

小兔请客

游戏目的

训练宝宝的记忆力、想象力，发展宝宝的创造性思维。

游戏方法

1 父母先准备有关动物的玩具（或图片）和它们爱吃的东西的图片。

2 父母先给孩子讲故事：

"今天小兔过生日，它想请一些客人来吃饭。它请的客人是：小猫、小狗、小鸡和小羊。可是小兔却不知该为客人准备什么样的食物。宝宝，你能帮小兔子的忙吗？"让孩子说出："小猫爱吃鱼，小狗爱啃骨头，小鸡爱吃虫子，小羊爱吃青草。"然后父母拿出各种食物的图片，让孩子从图片中挑出每个动物爱吃的食物，并放在这些动物的面前。

客人们都有东西吃了，小兔子自己吃什么呢？孩子再从图片中找出小兔子的食物，并说：“小兔子自己吃胡萝卜。”

3 然后父母再问孩子：“客人们都是怎样来的？”让孩子拿着某个动物的玩具，模仿着这个动物的动作走到妈妈面前。

互动贴士

1 如果没有图片，用玩具或是口头游戏都可以进行。这个游戏可让孩子获知动物的食性以及这些动物的动作。

2 游戏进行中，如果出现孩子不知道的情况时，父母要及时教给或启发诱导孩子怎样做。

提高记忆力的训练游戏

倒数数

游戏目的

1 利用儿歌，教宝宝学习倒数。

2 锻炼宝宝短暂记忆力和思维专注力。

游戏方法

首先妈妈教宝宝数数儿歌：一 二 三，三 二 一，一 二 三 四 五 六 七，七 六 五 四 三 二 一。

等到宝宝学会之后，父母还可以将数字由1～7增加到1～10，从而让宝宝跟着学习倒数10到1。

从易到难，还可以让宝宝练习90、89，80、79，70、69，60、59，50、49，40、39，30、29，20、19，这样宝宝很容易就能学会从

100倒数到1。

互动贴士

倒数数时宝宝必须集中注意力记住数列的顺序，用手指可帮助宝宝记忆手指所代表的数，从反方向说出。

宝宝讲故事

游戏目的

1. 增强宝宝的记忆力和有先后次序地讲述。
2. 激发宝宝阅读故事书的热情。
3. 增进宝宝对字和词汇的掌握。

游戏方法

妈妈给宝宝准备一本新的图画故事书，先让宝宝自己看，等宝宝看完以后，妈妈要求宝宝给自己讲书上的故事。

最好每页都有图，每页附有30～50个字解说。先让宝宝自己读几遍，不认识的字自己先想想，如果宝宝实在想不明白再问妈妈。让宝宝把内容先弄明白，将情节串起来再开始讲。

当宝宝具备了一定的认字量之后，妈妈可以通过讲故事书中说到的物品或动物，让宝宝拿出那个物品的字卡，比如把“牛”的字卡拿出来，再问宝宝小牛最喜欢吃什么呀？宝宝说：“吃草！”那就再让宝宝认识“草”这个字。

互动贴士

1 这时段的宝宝喜欢看一些儿童文学类的浅显读物，因此妈妈最好给宝宝准备儿童文学类的图画故事书。

2 要选择的故事书最好不易毁损，压缩的厚纸板制成的，周缘没有锐角，这样比较耐咬而且好翻。

看谁记得多

游戏目的

培养孩子的有意记忆。

游戏方法

准备10套图片，每张图片上有四五种孩子熟悉的物品。父母先告诉孩子，老师拿了许多图片，每张图片上有许多物品，你们用心看，并要记住都是些什么物品，看谁记得多。然后展开一张图片让孩子仔细看二三分钟，再把图片收起来，让孩子讲述所看到图片上的物品。

可让孩子和父母比赛，结果孩子记得多、记得全要给予鼓掌，给予鼓励。

互动贴士

1 孩子看图片上物品的时间长短和图片上画的物品的数量有关，可根据孩子的实际情况灵活掌握。

2 在讲述图片上的物品时，不得互相提示。

纸筒传话

游戏目的

① 引起宝宝的好奇心，并且能让宝宝安静地集中注意力。

② 能训练宝宝的听力和记忆力。

游戏方法

1 妈妈和爸爸先分坐

在两端，宝宝在中间。

2 先由一端的妈妈拿着纸筒对着宝宝的耳边悄悄说一句话，让宝宝去告诉另一端的爸爸，妈妈对宝宝说的话必须简单清楚。

3 如果宝宝传对了，要鼓励表扬。如果宝宝记不起了，问宝宝怎么办？再回过来请妈妈重复一遍，继续以上的游戏。

互动贴士

1 纸筒传话游戏，妈妈的声音不要太大，以免损害宝宝的听力。

2 这个游戏宝宝的传话对象最好是爸爸，这样游戏效果会更好。

3 每次对宝宝讲话，都是在培养宝宝说话的欲望。

翻对

游戏目的

训练孩子记忆力和思维的敏捷性。

游戏方法

1 父母用吹塑纸或较厚的纸板照扑克牌样剪20张，每张牌的一面画上动物图案，共画10种动物，即每种动物各画2张、组成10对：打乱后在另一面标上1～20的数字。

2 父母和孩子一起来玩。将卡片依次排成4行，每行5张，动物一面在下，数字一面在上。

3 游戏开始，孩子和父母按次序叫号翻卡片，即每人叫1～20数字中的任何2个数，叫后即翻过来这两张卡片。若翻过来的2张卡片上的动物相同：就得一分，并取走这两张卡片；若这两张卡片上动物不同，则照样放好。依次轮流进行，直至牌取完为止。获得的分多，拿到的卡片多者为胜。

互动贴士

1 进行游戏时，必须先叫号再翻卡片，数字一叫出来就不能再改叫。

2 孩子熟悉后，可将卡片的对数增加。

3 父母应提醒孩子注意记住已翻过的卡片的数字及其画的是什么动物，以便利于配对得分。

它是谁

游戏目的

培养孩子的记忆力和快速反应能力。

游戏方法

父母指定大拇指、食指、中指、无名指、小指分别代表不同的动物，如它们分别代表小兔子、小猫、公鸡、小狗、老鼠。

父母伸出代表一个动物的手指，孩子立即说出这个手指所代表的动物的名称，如父母伸出中指，孩子说："公鸡。"

或父母说出一个动物名称，孩子立即伸出能代表这个动物名称的手指，如父母说："小猫"，孩子立即伸出食指。越快越好。

互动贴士

1 开始玩时，父母可在孩子的每个手指上画上这些动物的小图片，以帮助孩子记忆。等到熟练以后去掉继续玩。

2 也可以父母和孩子一块伸指头，动物名称可以用不同的植物或其他东西来代替动物。

它有……

游戏目的

1 训练宝宝的记忆力和表象构成的能力。

2 发展宝宝的语言表达能力。

游戏方法

1 妈妈给宝宝看很多动物的图片，比如鸭子、小鸡、大象、长颈鹿、猴子、小白兔等。

2 妈妈说："现在，我来说一种动物，宝宝你猜猜看，我说的是哪种动物。"

3 妈妈说："有一种动物，它有长长的鼻子，大大的耳朵很像一把大扇子，还有粗的像树杆一样的腿和像蛇一样的细尾巴，请你猜猜它是谁？"让宝宝根据妈妈形象的描述，说出这种动物（大象）。

4 妈妈又对宝宝说："宝宝，真可惜，我想画一张小白兔的画，可是我忘了它长的是什么样子的，请你告诉妈妈好吗？画好后，妈妈送给你一张漂亮的小白兔图画。"

5 妈妈让宝宝想一想图画中小白兔的样子。可用提问的方式帮助宝宝回忆。如"小白兔身上的毛皮是什么感觉的？咱们是在什么地方看到它的？"宝宝说得好给予表扬。

6 父母可以和宝宝轮流描述，为宝宝作示范，玩时可不提出动物的名字，只进行描述，然后让对方猜自己说的是什么。

互动贴士

这种描述特征的游戏，对发展宝宝的语言表达能力有很大促进作用。父母多将生活中有趣的事让宝宝描述，经过一段时间后，宝宝就可以说一段完整而有中心的话语。这是训练语言能力的好方法。

记住地址和电话

游戏目的

1 训练宝宝识记自家的地址、父母的姓名、电话号码。

2 培养宝宝的记忆力和应变能力。

3 提高自我保护意识。

游戏方法

1 妈妈带宝宝到幼儿园去报到，需要登记宝宝的资料，这时候妈妈在填写宝宝资料时，不妨直接对宝宝说："宝宝，幼儿园的老师要点名，还要每个宝宝说出自家的住址和父母的电话，咱也要准备一下。"

2 妈妈告诉宝宝：宝宝叫×××，今年2岁半，家庭住址是××路××号××楼××，爸爸、妈妈的电话号码是：010–6×××××××。

3 妈妈要慢慢给宝宝讲，多重复几遍，直到宝宝记住为止。

互动贴士

1 家庭住址或电话号码，妈妈可以一次只教宝宝一个，等宝宝学会以后再教另外一个。

2 这个游戏还可以用作防宝宝走失的安全教育。

手指歌

游戏目的

发展孩子的记忆力，锻炼孩子手指的灵活性以及与大脑的协调配合。

游戏方法

教给孩子有关手的知识，熟悉各部位的名称（如：手心、手背、手指、手腕等）熟记儿歌：

手指头

拇指好比是爷爷，每天早起来锻炼，
食指好比是奶奶，也来学打太极拳；
中指好比是爸爸，制造机器不简单，
无名指好比是妈妈，为病人打针又送饭；
小指头好比我自己，天天要上幼儿园。
爷爷、奶奶、爸爸、妈妈，再见啦！

一开始可单手练习，手握拳，背儿歌，说到哪个指头，就伸出那个指头上下弯曲，然后还原，说到最后一句时，可将手举起，手心向外，做再见动作。待孩子动作熟悉，比较协调后，可双手一起玩。

互动贴士

游戏一开始，父母可边给孩子教儿歌边做动作，以引起孩子的兴趣，帮助孩子记忆。

发挥创造力的训练游戏

小手小手变变变

游戏目的

1 锻炼宝宝小手肌肉的协调与灵活能力。

2 训练宝宝的思维反应能力。

游戏方法

1 爸爸、妈妈和宝宝都把手藏在各自身体的后面。

2 爸爸、妈妈和宝宝一起说“小手小手藏起来，小手小手变变变”！

3 每次都鼓励宝宝变出不一样的动作。如变成一把枪、一只小狗、数字八、小兔的耳朵、一个三角形等。

互动贴士

1 妈妈和宝宝还可以相互学习各自的动作！

2 说最后一个“变”字的时候，小手一定要随机变出一定的动作来。

树叶贴画

游戏目的

1 提高宝宝协调能力，以及手部动作的随意性和准确性。

2 锻炼宝宝对构图、线条、色彩的敏感性。

3 培养宝宝创造性思维能力和想象力，从而培养较高的艺术鉴赏力。

游戏方法

1 带宝宝到户外去捡拾一些树叶，一边捡一边和宝宝一起欣赏树叶的色彩和形状。

2 把捡好的树叶装到袋子里带回家。

3 妈妈在纸上画上一个大树干，和宝宝一起来给大树干贴上树叶，教宝宝用大拇指和食指合作。

4 如果有需要，妈妈还可以教宝宝将大树叶撕成许多小树叶，然后用拇指和食指将小树叶一张一张地蘸上糨糊，贴在树干上。

5 接着把多余的糨糊用抹布擦干。

6 和宝宝一起挑选一些好看的树叶，把它压在镜框里，做成一个好看的装饰品，挂在墙上！

互动贴士

1 游戏中，父母要给孩子强调粘贴时应注意将树叶压平。

2 孩子的作品完成后，父母可请孩子说说自己的画用的是什么叶子，画的内容是什么。

3 宝宝制作出有创造性的作品时，父母要及时给予表扬，以激发孩子的创造动力。

4 父母不要太限制孩子的发挥，可以让他自行创意，随意拼贴，不要挫伤孩子的积极性。

根据情节来画画

游戏目的

本游戏主要培养宝宝的思维感知能力和创造力和想象力，同时还能增强宝宝的语言和情绪表达能力以及社交能力。

游戏方法

1 桌子上放好白纸、水彩笔或者蜡笔，开始给宝宝讲故事。让宝宝自己给一则故事配上插图。

2 等一个片段结束后，让他画一幅与内容相符的图。

3 画完第一张，父母再继续讲故事，适当的时候停下来让他再画一张。

4 等故事讲完，图也画完，让宝宝把他的图用订书机订起来。

5 让宝宝一张一张浏览，在每张图下面写下相应的故事内容。

互动贴士

1 在宝宝身边小心使用订书机。

2 选一本绘本给宝宝读。每读一页，让他画一张图。等故事读完，把宝宝所有画的图和书中的图对比一下。

变废为宝

游戏目的

1 培养孩子动手能力，发挥想象力和创造力。

2 让孩子养成节俭的习惯。

3 培养孩子的环保意识。

游戏方法

1 准备一些瓶盖、硬币、纽扣、茶杯、碗、直尺、纸盒及生活废弃物等。

2 让孩子用准备好的工具、材料摆出父母设定的图案或图形，现成的工具材料如果拼摆不出所需要的某一部分，可从一些材料上剪下，再拼摆下去。

3 拼摆好以后，让孩子说出自己拼摆的物象的名称，由几部分构成，各部分是什么形状，用的是什么工具材料。

4 让孩子说出自己所拼物象的特征、习性及用途，如果有说错的地方，父母应及时加以纠正或补充，直至说完说对为止。

互动贴士

1 拼形状外，孩子还可充分发挥自己的想象，拼摆其他图形。

2 在平时，应注意保存一些用过的东西，让孩子在玩的过程中发展孩子的各种能力，如动手动脑能力、创造力、想象力等。

一起捏泥玩具

游戏目的

1 培养宝宝精细运动能力。

2 发挥想象力和创造性。

游戏方法

1 妈妈给宝宝准备不同颜色的橡皮泥，自己留一半，分一半给宝宝。

2 妈妈自己先随意捏一个形状（最好是小动物）放到桌子上，让宝宝按照你捏的这个形状，照捏一个。

3 等宝宝照着捏好以后，妈妈要给予鼓励，然后让宝宝先随意捏一个形状的泥人，自己照着捏。

4 轮流进行，不断捏出新的形状，直到用完所有的橡皮泥。

互动贴士

1 确保宝宝使用的都是无毒的橡皮泥。

2 父母还可以将宝宝最后捏好的泥人，取个名字，保存起来以作留念！宝宝通过捏橡皮泥，在获得成功的同时，会更积极地去创造，从而培养发散性思维。

变字游戏

游戏目的

1 训练宝宝对汉字的结构了解能力和想象力。

2 分辨相近似的汉字。

3 培养孩子对汉字产生浓厚的兴趣。

游戏方法

1 妈妈在白纸上玩汉字变戏法游戏：先写“一”，然后逐步加笔画变成：大——天——夫或大——太——态；也可以变成：十——干——开——井或十——田——由——中——电；每变化一步，都要引导宝宝逐个认识变化出来的新字。

2 妈妈用同样的方法，教宝宝进行其他的变字游戏。当宝宝认出变化的字之后，妈妈要给予相应的鼓励。

互动贴士

1 在汉字变化的过程中，妈妈要记得解释每个汉字的意思，还可以让宝宝自己学着变化汉字。

2 可以给宝宝准备一些火柴棒，让宝宝通过火柴棒的添加或是移动，将个位数字来回变化。也可以让宝宝用火柴棒自己去创造图案，注意不要给宝宝火柴盒，玩后一定要将火柴棒收回来。

家用工具

游戏目的

1 全面开发宝宝的想象力。

2 训练宝宝右脑的创造性思维能力。

游戏方法

1 爸爸先拿起每件东西，告诉宝宝它的名称和用途。比如：这是小钳子，可以用来夹紧东西；这是小尺子，可以用来量东西的长度和高度；这是剪刀，可以用来裁剪纸张和衣服等。

2 当宝宝记住这些工具的名称和用途后，爸爸可以逐个询问宝宝："我想往墙上钉一个钉子，你能帮忙挑选合适的工具吗？"

3 等宝宝成功把那个工具找出来以后，爸爸给予鼓励和夸奖。

4 休息一下，爸爸可以再进行提问："这个木板上有两个螺丝钉，我想取下来，可以选择什么工具呢？"就像这样玩下去。

互动贴士

1 物品的多种用途，运用多种方法解决实际问题，既能扩大孩子知识的深度和广度，也能发展孩子创造性思维能力。

2 爸爸照看好孩子，如果孩子想自行使用工具时，一定要注意孩子安全。

牙签排排看

游戏目的

1. 培养宝宝的认知能力、创造力和想象力。
2. 锻炼手部精细动作的技能。

游戏方法

妈妈将牙签依照一种规律来排列，例如|--|--或/\/\等方式。

排列时，妈妈可以先帮宝宝熟悉这种规则，再问他："下一根该怎么放？"或者妈妈给宝宝一些牙签，看宝宝能不能发现这种逻辑顺序照样排下去。

互动贴士

1 由于家用的牙签末端比较锋利，父母要告诫宝宝要小心使用牙签。

2 除了上述玩法，也可以将牙签涂上各种颜色，然后配合数量和方向来排列，例如：一根红、两根黄，一根红、两根黄等让宝宝练习。

我是小小发明家

游戏目的

1 培养宝宝动手创作能力，激发宝宝想象力和创造力。

2 培养宝宝绘画的兴趣。

游戏方法

1 妈妈告诉孩子："我想发明一双穿不坏的会长大的鞋子，脚长大了，鞋子也跟着一起长大。等我长成一个大人的时候，小鞋也长成了一双漂亮的大鞋子了。"激发孩子想象，问问孩子想发明的是一双什么样的鞋子，引导孩子说出自己的想法。

2 让孩子根据自己的想象做鞋子。比如孩子将脚放在卡纸上，描画自己脚的形状再贴一层漂亮的彩纸装饰，和妈妈配合用布条编成辫子或彩色皱纸也行，作鞋面的带子，用订书机固定在鞋底上。做好后穿着自己做的鞋玩一玩。

3 让孩子画出自己做的鞋子，体验成功的快感，再让孩子画"我想发明的……"引导孩子将作品经验与个人经验结合起来，让孩子产生绘画兴趣。

互动贴士

1 通常，孩子对发明创造都很感兴趣，对于孩子的奇思异想，父母应该持欣赏的态度，对孩子加以鼓励，千方不要扼杀孩子宝贵的好奇心。

2 父母应该帮助孩子将说的话编成诗歌，让孩子体验到创造的成功感和喜悦感。

童诗创作

游戏目的

1 进行童诗创作，能培养宝宝的创意联想能力。

2 增进宝宝的思维活跃度，提升语言表达的能力。

游戏方法

1 在游戏前，妈妈可以跟宝宝分享一些童谣或童诗。

2 让宝宝为自己的童谣想一个主题，如下雨天。

3 鼓励宝宝想一想，和雨天有关的事情，如大雨、小雨、青蛙叫、呱呱声等。

4 协助宝宝将所联想的事物连结起来，并大声朗诵出来。这样就完成了一个属于宝宝自创的童谣了。

互动贴士

1 创作童诗没有固定的形式或长短，因此父母不要定规则给宝宝，以免造成宝宝的挫折感。

2 当宝宝完成作品时，一定要即刻给予鼓励和赞美，增加宝宝的自信心。

语言表达和口才训练游戏

儿歌绕口令

游戏目的

培养宝宝的认知能力和语言能力和词汇量，同时还能培养宝宝解决问题的能力。

游戏方法

1 妈妈为宝宝准备一本适合宝宝学习绕口令的图书。

2 从中挑选其中一则绕口令，语速缓慢地朗读几遍。你可以试试

“白石搭白塔，白塔白石搭”或者“粉红凤凰花凤凰”，让宝宝跟着说一下。

3 如果宝宝说的过程中出了点小错，妈妈要多鼓励和纠正，不要批评。

互动贴士

要选择易于宝宝掌握的绕口令，并且妈妈要耐心朗读，否则宝宝容易产生挫败感。

可爱的熊猫

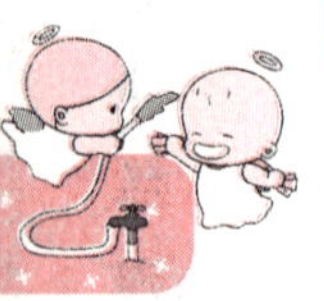

游戏目的

1 在教宝宝认识熊猫的同时，发展宝宝的口语表达能力。

2 教宝宝知道熊猫是我国的国宝，教育宝宝爱护熊猫。

游戏方法

1 设置游戏场景。妈妈敲门，“是谁呀？”爸爸问，妈妈说：“我们到你家来做客。”爸爸说：“哦！欢迎你们来我家。”随着声音走进来一只由妈妈扮演的大熊猫。

2 爸爸和宝宝共同围绕大熊猫转一圈，边转边说：“大熊猫，胖又胖，可爱又可贵。”引导宝宝观察熊猫，爸爸：“这是一只怎么样的熊猫？”启发宝宝讲出“可爱”词汇。

3 让宝宝看录像片，讲讲熊猫的本领，特别引导宝宝讲出熊猫会推车、吃竹叶等。爸爸提问：“熊猫宝宝推车，吃竹叶的样子真可爱，想一想，熊猫宝宝还有哪些动作也是很可爱的？“宝宝讲的同时，爸爸进行简笔画，突出熊猫动作的可爱。如：骑小车、吹泡泡、玩翘翘板、踩皮球等。每画一个动作就请宝宝学一学该动作。

4 给宝宝一只玩具熊猫，妈妈告诉宝宝：“熊猫宝宝真可爱，我们带熊猫宝宝去公园里玩吧！”然后和宝宝抱玩具熊猫去公园玩。

5 爸爸、妈妈还可通过讲故事让宝宝知道“熊猫只有我们中国有，外国是没有的。它是我们国家的国宝，是宝贝，我们大家都要爱护熊猫”。

互动贴士

还可采用讨论的方法，使宝宝了解有关熊猫的各种知识，激发宝宝对熊猫的热爱。

我最爱去……

游戏目的

1 引导孩子和家人交谈，提高口语表达能力。

2 教会孩子能用较连贯、完整的语句简单谈论一件事情的过程。

3 教孩子学习使用连词“因为……所以……”说一段话。

游戏方法

选一张孩子曾去过的家乡风景区图片，让孩子说出图片中是哪个风景区。再让孩子看其他风景区图片，激发孩子谈论家乡风景区、名胜古迹的浓厚兴趣。

在孩子谈他曾去过或曾听说过的地方的基础上，提出更高一步的要求：让孩子学用连词“因为……所以……”说出自己为什么喜欢这些地方的缘由。

让孩子扮演导游，妈妈、爸爸做旅游者，请孩子以小导游的身份给旅游者讲述某个他最喜欢去的地方。父母可帮助孩子找到最恰当的话加以介绍。还可以调换角色，父母充当导游，孩子做旅游者，体验不同角色的快乐感觉。

激发孩子的想象，让孩子说说：自己还有哪些地方没去过？还想去哪些地方？除了我们国家的名胜外，其他国家的名胜你想去吗？去哪里？为什么？让孩子畅所欲言。

互动贴士

在谈话游戏过程中，父母应以由浅入深的提问方式引导孩子，还可配合录像，逐渐扩大孩子的话题。最好在日常生活中多给孩子介绍一些有关各地风俗和名胜的知识，以扩大孩子的视野，丰富孩子的语言能力。

小主持人

游戏目的

1 引导宝宝关注周围事物，帮宝宝了解新闻的主要传播途径和作用。

2 培养宝宝仔细听、大胆说的能力。

游戏方法

1 爸爸和宝宝一起观看儿童娱乐节目，针对宝宝感兴趣的内容进行发问：“宝宝，刚才爸爸没听清楚，电视里说了些什么？”

2 鼓励宝宝思考并介绍内容，爸爸进行深入的提问，如，“宝宝几岁了？叫什么名字？家住在哪里？家里都有什么人，他们分别做什么工作？宝宝长大以后的理想是什么？”等。

3 爸爸还可以带宝宝在报纸上寻找相关的新闻和图片，丰富他的知识。如果觉得收集的信息不充分，还可以到网络上寻找想要的资料和答案。

4 和宝宝一起动手，爸爸将小纸箱的上

下面剪掉，只留下边框充当电视机。请宝宝当小主持人，在“电视”里主持节目和新闻。爸爸可以在一旁给宝宝提供图片和提示。

互动贴士

1 游戏的话题，父母可根据自家宝宝的实际情况进行选择。

2 让宝宝做小主持人游戏，主要培养宝宝的口才和应变能力。在家里，父母还可以根据宝宝的爱好，有选择地训练宝宝的语言表达能力。

我来做……

游戏目的

1 训练孩子注意倾听别人说话，并能把握谈话的主要信息，乐于与人交谈观看动画片后的感想。

2 引导孩子在游戏中进一步理解儿童动画片中的人物，学习归纳同一类型的人物形象。

3 提高孩子文学的欣赏能力及语言表达能力。

游戏方法

父母陪孩子观看完动画片后，问孩子：“你喜欢看儿童动画片吗？你都记得哪些动画娃娃。”让孩子尽可能多地说出动画片中的人物，比如“葫芦娃”、“猫和老鼠”、“狮子王”、“忍者神龟”、“小红帽”、“机器猫”、“蓝精灵”、“圣斗士星矢”、“白雪公主”等。

父母和孩子一起谈论看过的动画片中的人物。看看哪部片子中的人是善良、聪明的，为什么这样说？妈妈先加以引导，如：“《圣斗士星矢》中的星矢能帮助人，别人打了他，他不是马上回手打人家，而是跟他讲道理，所以我觉得他聪明善良。”引导孩子对是非善恶、美丑加以判断。再问：“哪些人物是勇敢的？为什么？”“哪些人是凶残的？为什么？”“哪些人比较糊涂？为什么？”

做动画片中的某些游戏，模仿人物言行，使孩子深刻理解人物形象，加深对动画片的认识。如我来做白雪公主，我来做狮子王辛巴等。

互动贴士

动画片中的人物应该是孩子非常熟悉的，这样，话题的选择就能激起孩子的谈话热情，父母应一步步引导提问，使孩子能有目的地思考、谈论，使谈话能始终处于热烈气氛之中。

It' s blue

游戏目的

1 教孩子听懂并说出6种颜色的名称：red、yellow、green、blue、purple、orange。

2 教孩子听懂“What colour is it”并学会用“It' s……”句型来回答。

3 培养孩子学英语的兴趣。

游戏方法

妈妈变魔术。妈妈说：“看，我这有三瓶魔水。”妈妈指着一瓶蓝水，对孩子说：“It' s blue、blue，It' s blue.”请孩子跟说“It' s blue”，用同样方法说yellow、red。

妈妈说：“现在，我将变魔术。”出示一瓶蓝水说：“What colour is it? ”孩子说：“It' s blue。”妈妈说：“Good.It' s blue。”

出示一杯黄水问：“What colour is it? ”孩子：“It' s yellow。”妈妈说：“Good，It' s yellow，look care fully，children。(将黄色水徐徐倒入蓝水中，同时搅拌成绿色）Oh！ What colour is it now? It' s green。(学新词green）用同样方法学习purple and orange。

让孩子自己玩魔水，边玩边用“It' s……”说出颜色的名称。

互动贴士

1 最后再玩“颜色找家”的游戏，妈妈唱歌曲“colour”，孩子根据妈妈指令，将颜色归类，以锻炼孩子听力。

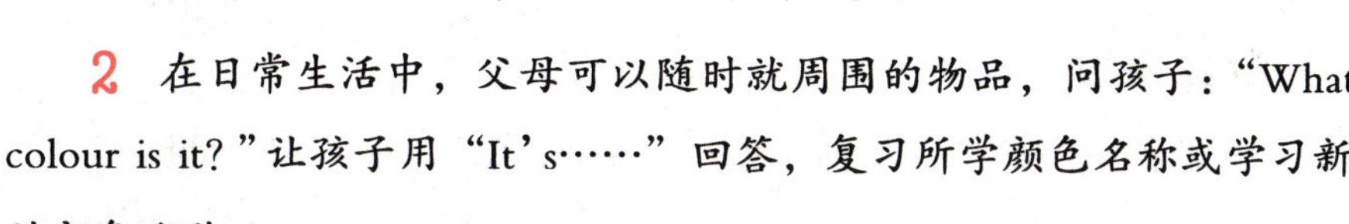

2 在日常生活中，父母可以随时就周围的物品，问孩子：“What colour is it?”让孩子用“It’s……”回答，复习所学颜色名称或学习新的颜色名称。

手帕上的故事

游戏目的

1.能使宝宝的想象力、创造力得到训练。

2.提高语言表达能力。

游戏方法

1 妈妈出示一块小手帕，引导宝宝仔细观察手帕上的图案。

2 妈妈可以将手帕上的图案编成一个故事，讲给宝宝听。宝宝听完之后，复述妈妈所讲的故事。

3 妈妈出示另一块手帕，宝宝仔细观察手帕的图案后，将手帕上的图案编成一个故事，讲给妈妈听。妈妈要及时鼓励与称赞宝宝。

互动贴士

手帕是每一个宝宝随身所带的物品，利用手帕上的图案，进行编故事、讲故事的游戏，宝宝会非常乐意玩。

what's this?

游戏目的

1 教孩子学说动物名称dog、cat、chick、duck、pig、bird、rubbit。

2 教孩子听懂且会用“what's this?”句型提问，会用句型“It's a……”句型回答。

3 引导孩子体验玩英语游戏的快乐。

游戏方法

妈妈拿玩具狗、玩具猫等动物玩具。用“what's this?”提问孩子，要求让孩子跟着妈妈一块读，学说“what's this?”妈妈回答：“It's a duck、duck、duck，It's a duck。”

然后，妈妈用“what's this?”提问，孩子学会用“It's a duck、duck、duck。”回答。之后，大家一起学这个动物的叫声及动作。

做游戏“The wolf is coming”，妈妈说出一种动物的英文名称，孩子模仿该动物的相应动作。当妈妈喊：“The wolf is coming”时，孩子立即停止发出声音，蹲下，否则将被狼“吃”掉。

互动贴士

1 带领孩子参观动物园，复习已学过的动物英文名称，学新的动物英文名称，逐渐扩大英语词汇量。

2 注意纠正孩子游戏过程中单词的发音。父母尽可能多地参与游戏，这样孩子的学习积极性会更高。

跟我学

游戏目的

1 训练宝宝观察力，让宝宝学会观察成人的动作并努力模仿。

2 训练宝宝的精细动作能力。

3 培养宝宝的竞争意识，增强宝宝的社会性。

游戏方法

父母和宝宝相对而坐。妈妈对宝宝说："宝宝，今天我们来玩一个跟我学的游戏，请宝宝注意爸爸的动作。妈妈和宝宝一起跟着爸爸学，我们来比一比，看看谁学的又快又对。"

爸爸坐一边，妈妈和宝宝坐在另一边。爸爸做动作：爸爸拍手：××、×××、××、×××。连拍三下。爸爸竖起两个大拇指晃一晃。（左右各三下）爸爸把两个小拇指勾在一起左右拉一拉。爸爸把自己的两只手握在一起，用力握一握。爸爸把两只手臂一起向后伸展，做扩胸运动。

互动贴士

1 爸爸的动作不要太过于复杂，并且做的过程中要让宝宝看清楚。

2 妈妈在模仿的时候故意做得慢一些，以鼓励宝宝。

3 爸爸可以做多种动作，动作应由简单到复杂。

4 在宝宝模仿较为疲倦时，爸爸可和宝宝进行共同游戏，以调动宝宝的积极性。

音乐能力的训练游戏

会唱歌的瓶子

游戏目的

1 训练宝宝的注意力，训练宝宝把注意力集中于自己感兴趣的事物上。

2 训练宝宝的观察力，训练宝宝对于事物细节部分的观察，并从中总结出一定的规律。

3 训练宝宝的音乐节奏感。

4 激发宝宝探索的好奇心。

游戏方法

爸爸找7个玻璃瓶子，这7个瓶子要一样大小。爸爸和宝宝一起，给每一个瓶子里都注入一定的水，第一个最多，剩下的逐次递减，最后一个最少。

爸爸拿一个小金属棒（1支笔，1根筷子……），依次在每个瓶上都敲一下，瓶子发出悦耳的声音，而且每个瓶子发出的声音都不一样，要让宝宝充分注意到这一点。这样，就引起了宝宝极大的兴趣，吸引了宝宝的注意力。

爸爸掌握好瓶子的音高，敲一首比较有节奏的曲子。然后，爸爸把金属棒交给宝宝，让宝宝去敲，增强宝宝的参与意识，激发宝宝探索的兴趣。

爸爸提醒宝宝，为什么一样的瓶子发出的声音不一样呢？启发宝宝去观察瓶里的水，让孩子明白，瓶里水的多少就会导致瓶子声音的不同。

互动贴士

1 爸爸在给瓶子注水的时候可请宝宝参与，以提高宝宝参与活动的积极性，但是不要让宝宝往瓶里注水，注水量的多少应由父母来控制掌握。

2 只让宝宝最终明白，瓶子里的水的多少不一样，瓶子发出的声音也就不一样即可，具体的原理不必向宝宝解释。

歌曲伴奏

游戏目的

本游戏能让宝宝感知生活中美妙的声音，并培养宝宝的动手和创意能力，游戏还可以让宝宝辨别和区分和谐与不和谐的声音。

游戏方法

1 将玻璃杯按照水位的深浅排成一列。

2 让宝宝用筷子轻击玻璃杯的杯口，玻璃杯就发出高低不同的声音。

3 妈妈和宝宝一边唱宝宝熟悉和喜欢的歌曲，一边用筷子轻击玻璃杯的杯口做伴奏。妈妈和宝宝的歌声与玻璃杯发出的各种声音组成了和谐的音乐。宝宝会为自己的创造而感到兴奋。

互动贴士

1 宝宝对敲击、撞击出节奏很感兴趣，游戏的主角是宝宝，不是父母，因此，千万别喧宾夺主。给宝宝一个无压力、无束缚的自由环境，有利于培养他对音乐节奏以及韵律的浓厚兴趣。

2 尊重和鼓励宝宝用自己喜欢的方式来玩耍，而不要刻意让他跟着你做动作和敲打。

听声音跟着学

游戏目的

训练孩子的听力，培养节奏感。

游戏方法

1 让孩子坐在小板凳上，告诉孩子："现在你和妈妈做一个听东西声音的游戏，并告诉妈妈你听到了什么样的声音。"

2 先让孩子闭上眼睛，在孩子的左耳拍五下，让孩子听到的是哪边的声音就在哪边拍几下；再在孩子的右边拍几次，用同样的方式让孩子做出回答。

3 拿出家里孩子熟悉的东西，让孩子闭起眼睛，你先让孩子说出听到的是什么东西发出的声音，这种声音是什么样的，模拟一下。

互动贴士

1 在孩子听完后，父母可以跟孩子轮换进行，使孩子再熟悉一遍刚才的发音。

2 这个游戏在做的过程中一定要有动感，避免因不停地让孩子听而感到枯燥无味，引不起孩子的兴趣。

敲敲鼓，唱唱歌

游戏目的

1 培养宝宝的认知能力和逻辑思维能力。

2 锻炼身体的协调性和音乐的节奏感。

3 增进宝宝的语言能力和情绪表达。

游戏方法

1 找两只小鼓（可以用奶粉的桶当作小鼓），妈妈和宝宝每人一只。

2 妈妈首先示范用这个小鼓敲出简单的节奏，如嗒——嗒——嗒，让宝宝根据听到的节奏，在他的鼓上敲击出这个节奏。

3 当宝宝能熟练敲击出节奏以后，妈妈可以增加一些难度，如一边敲出节奏一边配上随机说唱，如，一边敲着咚——咚——咚，一边唱出“交——朋——友”，一边敲着嗒——嗒——嗒，一边唱出“去——玩——耍”。

4 让宝宝跟着这个说唱的敲击节奏一起唱，还可以让宝宝自己敲击节奏，自己说唱。

互动贴士

1 敲击小鼓的时候不要太用力，以免伤着宝宝的指头。

2 一开始如果宝宝不能很快学会模仿妈妈的节奏进行敲击，妈妈最好放慢节奏，耐心引导和示范。

感知不用乐器

游戏目的

1 本游戏能让宝宝根据图片认识不同的乐器。

2 听不同乐器发出的声音，了解不同乐器的不同音色。

游戏方法

让宝宝了解并认知乐器时，通常有以下几个步骤（以小提琴为例）：

1 妈妈准备一张有关小提琴的照片，最好是正在拉小提琴的图片给宝宝看。

2 妈妈示范拉小提琴的姿势和动作，让宝宝跟着学习和模拟。

3 给宝宝听小提琴独奏的曲子，并让宝宝根据所播放曲子的动作跟着摇摆。

按照以上的步骤，分别给宝宝介绍木管乐器如单簧管、长笛等；打击乐器如定音鼓、三角铁等；铜管乐器如小喇叭、法国号等；也可以加入中国的乐器如古筝、锣鼓等。

互动贴士

1 让宝宝学习辨别乐器时，一开始只要宝宝能够指出图片即可，不一定非要他说出乐器的名称。

2 听一种乐器独奏时，最好可以将古典作品的曲子和一首现代流行曲子交错进行。

节奏模仿

游戏目的

1 使宝宝打击出各种不同的节奏。

2 帮助宝宝感知节奏的变化，训练宝宝的节奏感。

游戏方法

1 妈妈和宝宝手拿响板相对而坐，妈妈用有趣的语言激发宝宝参与游戏。

2 妈妈提出模仿“拍球”的要求后，引导宝宝和妈妈一起按“× ×|× ×|”的节奏敲击响板。

3 当宝宝熟悉“拍球”的节奏后，妈妈可以变化敲击的节奏，如：梳头“× × × ×|× ×|”、刷牙“× × × × ×|× × × ×|”、跑步“× × × ×|× × × × × ×”等。

4 宝宝在妈妈的帮助下，用响板击出不同的节奏。

互动贴士

1 结束时，让孩子听音乐按节奏拍击乐器。

2 让孩子欣赏声音，寻找接近日常生活的声音，不要选择抽象的声音。

3 父母做动作时，力求动作富有节奏感。

舞蹈定格

游戏目的

1 培养宝宝的听力和粗大运动能力。

2 培养宝宝的创造力和想象力。

游戏方法

1 准备一张宝宝喜欢听的舞曲CD，让宝宝站在房间中间，等待音乐响起。

2 当妈妈按下播放键时，让宝宝一直跳舞直到音乐被暂停。

3 当妈妈按下停止键，宝宝必须停住舞步，并且要保持舞蹈动作不变，直到音乐再次响起。

4 妈妈继续播放或停止CD，直到曲子放完。

5 如果宝宝不喜欢本游戏，可以另换一首歌或不同类型的音乐，重复以上的游戏。

互动贴士

1 确保房间里没有障碍物。

2 每次音乐停止，妈妈可以引导宝宝换一种舞蹈，等到音乐再次响起，让宝宝跟着音乐接着跳。

学动物叫

游戏目的

1 让孩子了解和模仿动物的叫声。

2 训练孩子的注意力和模仿能力。

3 培养孩子喜爱小动物的感情。

4 通过模仿动物叫声，训练孩子用自然的声音唱歌。

游戏方法

收集一些小动物的头饰，父母扮演饲养员，孩子扮演小动物。父母先教孩子唱歌曲，直到孩子熟练。

分角色唱，饲养员领唱1～2小节，唱到某种小动物时，扮演这一小动物的孩子就接着唱3～4小节，并站出来，学小动物走路。

互动贴士

1 此游戏可以邀请邻居的小朋友参加，也可以让孩子模拟其他小动物的叫声，并相应变动歌词。

2 培养孩子爱清洁、讲卫生的良好习惯。训练孩子自然地歌唱，并能边唱边表演。

3 此游戏可在家庭中进行，也可在幼儿园里进行。

美术、绘画等才艺的训练游戏

拼萝卜

游戏目的

1 让宝宝初步接触拼接图形游戏。

2 训练宝宝的观察力，增强对图片的观察以及分析能力。

3 培养宝宝的局部感和整体感，培养宝宝的造型能力。

游戏方法

妈妈给宝宝出示一张图片，是一张萝卜图片被分成四份后，散乱地拼在一起的图形。妈妈对宝宝说："这是一个萝卜，被粗心的小明拼错了，宝宝能不能动脑想一想，怎样才能把它拼成一个真正的萝卜。"

互动贴士

妈妈可把分成四份的萝卜制成卡片，便于宝宝拼接。

拼接的对象可以是萝卜，也可以是别的任何东西。

活动场

游戏目的

1 巩固孩子对动物特性的认识。

2 发展孩子的思维力和记忆力。

3 提高孩子的绘画技能技巧。

游戏方法

游戏前准备一些纸、几支不同颜色的笔。游戏开始，父母先让孩子画出动物活动的场所，如水池、草地、假山、树林、天空……

父母对孩子说，这是动物的几个活动场所，什么动物能上这儿玩呢？请你把这些动物领进来玩吧。这时孩子就把动物画到动物活动场的格子里去。

互动贴士

1 第一次玩时，父母应给孩子做示范，以后就可让孩子独自去玩。

2 画好后，父母可让孩子讲出为什么要把某个动物画在某个活动场。

画 像

游戏目的

1 让宝宝了解动物的特征。

2 学习画小动物的技能。

3 训练宝宝画圆圈、画线条等基本绘画技能。

游戏方法

1 妈妈用有趣的语言激发宝宝绘画的兴趣。

2 妈妈说：“我们来给小兔画一张像，好吗？”宝宝同意后，妈妈引导宝宝在白纸上画一个圆圈，表示小兔子的头部，在圆圈里画上圆圆的眼睛和三瓣嘴，然后画上长耳朵（强调兔子长耳朵的特征）。

3 当宝宝画好了小白兔的头像时，可以让宝宝再画其他动物的头像。如：画猫的头像。妈妈指导时应强调猫的特征（嘴上长胡子）。

4 如果宝宝有兴趣，妈妈可以继续指导宝宝给动物画头像。

互动贴士

父母还可以让宝宝坐在镜子前面，用水彩笔给自己画像，让宝宝了解自己的长相特征甚至情绪，从而帮助宝宝进一步掌握自己的内心世界。

种子造型

游戏目的

发展宝宝的想象力、图形知觉，培养宝宝对大自然的热爱。

游戏方法

在秋天的时候，父母领着孩子去户外地上捡一些种子，如松子、豆子等，带回家和孩子一起摆着玩。可以是几何图形、人的脸、手提包、大山等。边摆边说摆的图形是什么。等熟练后，让孩子自己想着去摆形状。

互动贴士

1 如果找种子不方便，父母在日常生活中可以收集一些别的东西如瓶盖等进行游戏。

2 父母还可以给瓶盖涂上不同的颜色，或贴上一些彩色的画片，游戏就会变得更加有趣。

3 做游戏时放一些柔和的音乐，可以激发孩子的想象力。

画立体的图画

游戏目的

1 发展孩子的想象力、表现力。

2 趣味印手画学描左手的外形，并根据描下来的图形画成相似的画。

游戏方法

父母先和孩子玩手影游戏，让孩子观察手影构成的动物形象，引起孩子玩的兴趣。

接着父母出示范画让孩子欣赏，指出画上的形象是根据手的不同动作画成的。可以把手影做成各种形象，让孩子看看像不像；然后父母把左手的样子画下来，变成各种形象的小女孩、小男孩、大公鸡、小兔子、大白鹅、大象、大灰狼、鸽子等。

印好后涂上颜色，画上眼睛就可以了。

最后让孩子自己用手练习，先可模仿父母的示范画，然后让孩子根据自己的想象画出多种有趣的物体形象，并根据所画的形象添画有关内容。

互动贴士

启发孩子画出丰富的物体形象，并根据物体形象添加有关的景物，构成一幅主题明确的图画。

合作绘画

游戏目的

1. 培养宝宝创造力和想象力。
2. 巩固宝宝精细动作的能力和社交技能。

游戏方法

1 妈妈和宝宝分别坐在桌子两边，每个人都拿一张纸和一支水彩笔。

2 计时器设定一分钟，妈妈喊“开始”的时候，就要和宝宝分别开始用水彩笔作画。

3 当计时器响时，妈妈和宝宝要互换画纸，在对方绘画的基础上继续进行绘画创作。

4 重复设置计时器，计时器依旧是一分钟，直到宝宝和妈妈的绘画作品完成。

互动贴士

1 要使用无毒的水彩笔。

2 妈妈还可以将自己跟宝宝合作的绘画作品装裱起来，挂在墙上展览！

贴脸谱

游戏目的

通过贴脸谱，明确脸部器官的准确位置，有利于将来自己学画时画好人脸的各个部位。

游戏方法

1 用绒布绣一个脸谱，或用纸画一个脸谱，五官做成可以移动的小块。父母同宝宝一起，将五官分别贴在脸谱上。在绒布做的脸谱上可以贴得较稳，用纸做的脸谱可以贴上但容易碰歪。

2 如果在一块较厚的塑料膜上，用彩笔画上脸的轮廓，用纸画好五官，在小块五官的边上贴一小块不干胶，就可以随时贴上和随意揭下来。

3 这个游戏会让宝宝玩得很开心，他有时会故意将眼睛贴到额头上或把嘴巴贴到眼睛的位置，看看会变成什么模样。多次摆放会使宝宝认清五官的准确位置，使脸变得更好看。

4 妈妈也可以用英语发出指令：“Put the nose on the middle.把鼻子放在中间。”“Put the eyes above the nose.把眼睛放在鼻子上方。”“Put the mouse under the nose.把嘴巴放在鼻子下方。”“Put the hair on the top of the face.把头发放在脸的上方。”

互动贴士

做游戏时用英语跟宝宝说，可让宝宝掌握表示五官的英语词汇。

用尺子画天鹅

游戏目的

让孩子学会用尺子画图，学会点连线。

游戏方法

1 给孩子备一把尺子，一根铅笔。

2 先在空横线纸上教孩子用左手推尺子，使尺子的一条边与虚线重合，再用左手扶住尺子，然后用右手拿笔画线，沿着尺子描横线。

3 当孩子基本学会运用尺子的动作后，可给孩子拿一张父母画好的简笔画的天鹅，在主要部位点上点，然后擦去其他部分的线的一些点，让孩子把这些点连起来。

互动贴士

1 孩子用尺子画线段是一件困难的事，需要父母手把手地教。

2 在描线时要注意孩子的握笔姿势。

3 可经常性地让孩子画一些线与线之间的图形，以巩固孩子用尺子画线的成果。

手工制作训练游戏

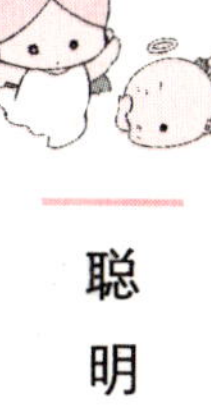

做五彩元宵

游戏目的

1 能使宝宝学会切和搓的技能。

2 锻炼手的团捏能力。

3 发展宝宝的精细动作和手指的灵活性。

游戏方法

1 妈妈通过和宝宝谈论元宵节，引出做元宵的话题。

2 取出彩泥，妈妈将各色彩泥搓成长条形，让宝宝用塑料餐刀将长条形的彩泥切成几段供游戏使用。

3 妈妈先示范如何做元宵的动作：将一段彩泥放在左手的手心，右手放在左手的上面，双手上下搓动，将彩泥搓圆。

4 宝宝在妈妈的指导下，学习搓“元宵”。妈妈和宝宝一起搓“元宵”，然后将搓好的“元宵”放进一个小碗中，送给爷爷、奶奶、爸爸吃，大家夸宝宝真能干。

互动贴士

此游戏适合在元宵节后进行。宝宝亲自感受元宵节的欢乐气氛以后（吃元宵、看灯会等活动），再做五彩元宵的游戏，会加深对元宵节的印象和理解。

自制龟兔棋

游戏目的

1 培养孩子的观察力和思维能力。

2 培养孩子注意力的稳定性和注意力的分配能力。

3 教孩子自制玩具，使孩子学会废物利用，变废为宝。

游戏方法

首先制作玩具。准备塑料瓶盖12只，大白纸一张，红色和绿色的塑纸若干。在红色塑纸上画三只乌龟、三只兔子，剪下来，用乳胶分别粘在瓶盖上。同样，在绿色的吹塑纸上也画三只兔子和乌龟，剪下来，贴在瓶盖上。然后，在大白纸上画上棋盘。

这种棋是依据动物的习性设计制作的。乌龟每次爬一步，如遇龟，可以爬过去，还可以连续爬过排成一列的几只龟，但是没有本领爬过兔子，遇到兔子只能绕道走。兔子只能隔一个跳一个，不论是兔子还是乌龟都可跳过去。这是游戏的规则。

孩子在游戏前，由妈妈把游戏的规则告诉孩子，使孩子能在游戏中遵循规则，坚持注意力的稳定性。

互动贴士

1 应让孩子参与玩具棋的制作过程，借此提高孩子参与活动的积极性。

2 该游戏的重点部分是孩子在遵守游戏规则的条件下进行游戏，使孩子观察的目的性得到加强。

编织纸草席

游戏目的

1 培养宝宝的创造力和想象力。

2 增强宝宝精细运动的能力。

游戏方法

1 在废旧的挂历背面的两端先画出想要的宽度，大约三至四公分宽。

2 将挂历的两端记号连接起来，用铅笔画上一条条的直线。

3 用剪刀顺着线条剪开。由于这时期的宝宝手指控制能力还很弱，因此废旧报纸的两端最好留出大约一公分不剪开。

4 剪好一张旧挂历之后，另外一张废旧报纸裁剪成一条条宽度大约三至四公分的纸带。

5 将剪好的纸带一根根按照如图所示的方式穿进去，直到最后编织成了一个小纸质草席。

互动贴士

1 教宝宝安全使用剪刀。

2 父母给宝宝准备的纸条要尽量宽一些，这样宝宝才容易穿进去！

3 教宝宝编织纸草席的时候，还可以同时教宝宝学习数数儿。

做圣诞老人

游戏目的

1 让孩子认识五官以及所在的部位，认识颜色之间的搭配。

2 发展手涂画、粘贴的动作。

3 认识硬纸和棉花的不同质感。

4 准备好卫生纸中间的纸卷芯、棉花、红花光纸。

游戏方法

把纸卷芯上半部用红光纸贴一圈作为一帽子，在帽子下方贴一圈棉花。

卷两个蚕状棉花条贴在眉毛的位置上，并在额头上用红笔画两条红，涂上腮红，画上眼睛，贴上棉花做的胡子，在下面再贴一圈棉花。圣诞老人做成了。

互动贴士

1 如果爸爸、妈妈和孩子一起做，应在做的过程中，每拿一种材料都让孩子摸一摸、看一看，说说自己的感受。

2 父母也要给予详细的过程说明，可以帮助孩子做一些事，但一定要注意不能全部包办。

制作手偶

游戏目的

1 培养精细运动技能。

2 发展宝宝语言能力、词汇量和自我形象。

3 发挥宝宝创造力和想象力。

4 增强情绪表达能力。

游戏方法

1 妈妈找一只与宝宝的手掌差不多大的干净袜子，再用剪刀剪一块硬纸板，把袜子套在硬纸板上。

2 妈妈可以引导宝宝，用不褪色的水彩笔在袜子的趾端附近画一个夸张的脸；在袜子的脚跟部位画嘴巴；在适当的位置画上舌头和牙齿。

3 根据手边的材料和宝宝的喜好，妈妈还可以缝上毛线头发、纽扣眼睛和其他细节。

4 妈妈把做好的袜子手偶从硬纸板上取下来，套在宝宝手上，让宝宝一边把小手一张一合，一边配音，这样生动形象的袜子手偶表演就开始了！

互动贴士

1 妈妈要引导宝宝小心使用不褪色水彩笔。

2 妈妈还可以和宝宝一起做两个袜子玩偶，然后妈妈和宝宝每人分一个，戴在手上，爸爸在旁边念台词和旁白，全家一起来演一部好玩的玩偶剧。

烤蛋糕

游戏目的

1 让宝宝掌握精细运动技能。

2 培养宝宝的认知能力、数学计算能力以及因果推理能力。

游戏方法

1 妈妈先准备一包黄色或白色的蛋糕配料，帮宝宝按照包装上的说明，称量、混合和搅拌这些配料，并让宝宝在搅拌好的面糊里放入他喜欢的食用色素。

2 让宝宝用食用

色素搅出他喜欢的图案，也可以将色素完全融入面糊当中，加入一些彩色的糖屑。

3 将面糊倒入蛋糕的模子上，按照包装上的说明进行烘烤。

4 烘烤好蛋糕等它冷却之后，帮助宝宝撒上一些糖粉，根据宝宝和自己的喜好，还可以用奶油糖霜和其他装饰物涂在蛋糕上面，让蛋糕变得更漂亮。

互动贴士

1 使用烤箱和其他厨房用具的时候，尤其是带电的厨房家电，一定要注意宝宝的安全。

2 如果宝宝有兴趣，妈妈还可以带宝宝一起做饼干、巧克力、面包等烘烤类的食物。

科学动手实验训练

我是小小科学家

游戏目的

1 通过沉、浮试验引起孩子观察物体在水中沉、浮现象的兴趣，使孩子了解沉、浮的简单道理。

2 发展孩子观察力，提高孩子观察的概括性。

3 丰富孩子的科学知识。提高孩子观察的兴趣。

游戏方法

1 父母事先准备两份实验用具，一份供父母使用，另一份则由孩子使用。实验材料主要包括玻璃缸、气球、玻璃瓶、塑料球（空心、实心）、橡皮泥、木球、铁球。孩子的实验材料有：水碗、塑料盒、气球、木块、玻璃瓶、玻璃球、曲别针、橡皮泥。

2 先让孩子做沉、浮的实验，让孩子把塑料盒里盛放着的物体放在水里，看看哪些物体浮在水面上，哪些物体沉在水底？父母把浮在水面上的气球反复向水中按几次，让孩子试试，使孩子感觉浮力的存在，说出这是浮力的现象。学习新词“浮力”。

3 父母把两个同祥大小的塑料球（空心、实心）放入水中，让孩子观察。空心塑料球浮在水面上，实心塑料球沉在水底。启发孩子说出，空心塑料球“轻”，浮在水面；实心塑料球“重”，所以沉在水底。

4 父母把两块大小、重量相同的橡皮泥，一个捏成团，一个捏成小船放在水中，让孩子观察，并引导孩子说出：因为橡皮泥团接触水面积小，沉在水底下；橡皮泥小船接触水面积大，浮在水面上。

5 实验结束后，想出问题：如何区别铁球和木球？怎样使曲别针浮在水面上？怎样把掉到坑里的皮球取出来？

互动贴士

孩子自己实验时，父母提醒孩子仔细观察，找出沉的物体和浮的物体。父母实验时除提醒孩子注意观察外，还应让孩子和自己动手参与实验。

筷子折了吗

游戏目的

1 让宝宝了解筷子放在清水或盐水中，从“两折”变为“三折”，会促使宝宝在探索道路上继续前行。

2 在宝宝不断理解的基础上不断加深记忆，并体会科学探索的深入性。

游戏方法

1 妈妈在玻璃杯中加入一勺盐，再注入半杯水，用筷子搅拌使盐溶化。

2 放置一会儿，用勺子小心地向玻璃杯中加入清水直至加满，把一支筷子插入玻璃杯中。

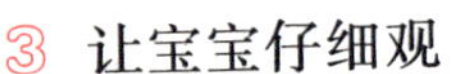

3 让宝宝仔细观察，从侧面来看，插入的筷子果然被分成了三折。

互动贴士

1 加水的过程要缓慢进行。

2 妈妈带宝宝可以将游戏变通为：先加入清水，最后再加入盐水，让宝宝观察一下游戏会有什么不同的现象发生？

玻璃杯是空的吗?

游戏目的

1 重在激发宝宝对做空气试验的兴趣。

2 让孩子了解空气是看不见、摸不着，但到处存在的。

游戏方法

1 在玻璃杯里装上满满的水，盖好盖子，倒立着竖放在水盆中，再把盖子移开，玻璃杯里的水会稍稍下降一些，但不会全部溢出。

2 把塑料软管的一头

伸进水中的玻璃杯里，软管的另一头连接打气筒，用打气筒慢慢打气。玻璃杯里会出现一连串小气泡，同时，杯中的水开始减少啦。

3 继续打气，等到将玻璃杯里的水基本排净后，在水下盖上盖子，把玻璃杯拿出来。

答案就是：空气中的主要成分是氮气和氧气，这两种气体都是不溶于水的，所以在向杯中打气的过程中，水就被空气慢慢挤出来了。

互动贴士

1 让宝宝拿一只装满水的玻璃杯，走到家中的厨房里，把玻璃杯中的水倒掉，盖上盖子，就收集到一杯厨房中的空气了。

2 让宝宝再到其他地方试试看，多收集一些不同的空气标本。

找白糖

游戏目的

1 通过宝宝的触觉，训练宝宝手指精细动作能力。

2 通过味觉、嗅觉训练让宝宝进行分辨。

3 在实践中总结生活的经验，帮宝宝促进其综合思维训练的发展。

游戏方法

1 准备三只玻璃杯，里面分别装上白糖、碱面和精盐。玻璃杯上贴好不同的卡通标签作为标记。

2 妈妈让宝宝用两个手指先在其中一个玻璃杯里捏一捏、捻一捻，感觉一下。

3 将手指清理干净，再分别在另外两个玻璃杯中做同样的动作，逐一感觉一下。

4 如果在游戏中宝宝用语言表达出了他的感觉，就一定要鼓励。

互动贴士

1 为了引起宝宝对游戏的兴趣，妈妈可以在玻璃杯上贴上三个好看而且不同的卡通标签。

2 根据需要，瓶子可以增加到四只、五只或更多，让宝宝有更多感受。

牙签漂向何方

游戏目的

通过不同的游戏，让宝宝对水的同一特性得到进一步巩固，此外父母还可以将游戏拓展，让宝宝也了解一下节水、用水方面的知识。

游戏方法

1 妈妈在玻璃杯中加入多半杯水，把一根牙签折成几段（我们把它们就当作“小船”），投放到玻璃杯中，观察折断的牙签是不是都分布在贴近玻璃杯壁的水面边缘。

2 妈妈向玻璃杯中加入水，直到出现水面凸起而水未流出时，再观察折断的牙签是不是又都汇聚到水面中央。

互动贴士

1 妈妈向玻璃杯里加水的过程一定要缓慢进行，不然游戏的现象会减弱或不明显。

2 妈妈还可以带宝宝一起找找答案：一开始放入玻璃杯里的牙签受到水分子与杯壁吸附力的影响，移动到杯壁达到稳定状态；后来当妈妈继续加入水至水面凸起时，水分子与牙签之间的吸引力越来越强，最终牙签就被拖到水面凸起的顶部——水中央。

简易指南针

游戏目的

1 通过观察小磁针两头与磁铁间的相互吸引与排斥现象。

2 引导宝宝学习简单的总结，启发宝宝对自然科学的兴趣，让宝宝对“磁力”的概念有更深的理解。

游戏方法

1 妈妈用棉线在缝衣针中央位置系起，使缝衣针悬空时能保持水平状态。

2 妈妈把缝衣针的针尖在小磁铁上反复摩擦以后，提起棉线使缝衣针悬起，靠近磁铁。让宝宝仔细观察，会发现：缝衣针的两头分别与磁铁相互吸引和相互排斥，这就说明缝衣针已经变成了一个小磁针。

3 妈妈再将被磁化过的缝衣针自由悬挂在空中，让宝宝再观察，最终会发现：缝衣针会始终保持在南北方向，即使把它东西方向放置，它也会自然转向南北。

互动贴士

由于缝衣针的针头是尖尖的，因此小磁针的主要制作过程最好由妈妈来完成，宝宝只在一旁观看就行。

自制七色“彩虹”

游戏目的

通过宝宝自己动手捕捉到七色彩虹，不断提高操作技能，培养宝宝在不断的实验中增进科学的探索兴趣。

游戏方法

1 妈妈先用剪刀在塑料袋上剪出一个1厘米×10厘米大小的长方形孔。

2 再把小镜子放入袋内，镜面在长方形孔处露出。一同放入水盆中，使镜面处在水面之下，斜靠在盆沿。

3 妈妈用手电筒对着镜面照射，让镜面反射的光线照在白纸上。

4 经过宝宝的仔细观察，会发现在白纸上出现一个亮块，亮块里是红、橙、黄、绿、青、蓝、紫的七色“彩虹”。

互动贴士

让宝宝自己想一想这种现象的本质是什么，最后妈妈还可以带宝宝一起找找答案。游戏的答案是：把镜子放入水里时，水和镜面一起对光产生折射。因为不同颜色的光折射的角度不一样，就被分解成七种色光，正是太阳光谱的组成颜色。

假鸡蛋真听话

游戏目的

1 通过让宝宝用磁铁吸引真假鸡蛋，让宝宝学习对比，唤起宝宝继续探究的兴趣。

2 教会宝宝循序渐进地认识事物的全貌。

游戏方法

1 妈妈用小刀在鸡蛋的两端对称地各戳一个小洞，从小洞中将蛋白和蛋黄全部倒出。

2 取一勺铁粉灌入蛋壳，用蜡油把小洞口封好，妈妈随意摆布鸡蛋。

3 妈妈再取一个真鸡蛋与这个假鸡蛋，做同样的游戏，进行对比。

4 结果会发现：真鸡蛋很不听话，而假的鸡蛋却非常听话，跟着磁铁“走”，全都“听”磁铁的。让宝宝想一想这是为什么？

互动贴士

蛋上戳两个小洞是为了使蛋内液体能很快流出，另外能使蛋壳的重心不会变化太大。

两副眼镜

游戏目的

通过观察眼镜，提高宝宝对大小、形状及变化的探究兴趣，并能满足宝宝的好奇心，父母还可以根据视力发育状况，教给宝宝一些关于用眼、爱眼的常识以及相关科学知识。

游戏方法

1 妈妈准备一副近视眼镜和一副老花镜，再准备一份报纸。

2 妈妈把近视眼镜放在报纸上，让宝宝观察镜片中的字与报纸上原来的字是变大了还是变小了。

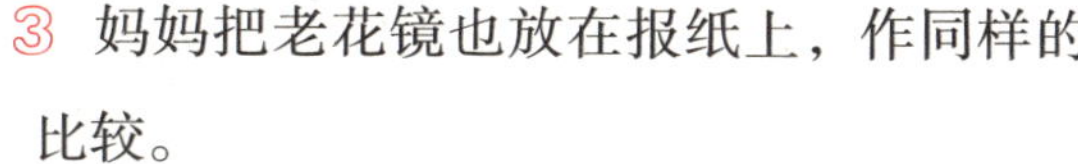

3 妈妈把老花镜也放在报纸上，作同样的比较。

互动贴士

父母还可以给宝宝准备一个放大镜，让宝宝悉心体会凸透镜的作用。

常见教育问题大搜查

孩子是不是有多动症？孩子太内向，不太爱说话，怎么办？

孩子注意力总是不能集中，怎么办？孩子太黏人，怎么办？

孩子有幼儿园恐惧症，怎么办？

孩子爱生气，爱发脾气，怎么办？

……

这是很多父母遇到的常见问题。当你遇到这些问题时，可以按照书中的条例这么办！

宝宝患了幼儿园恐惧症，怎么办

宝宝要上幼儿园了，可他总是会有这样那样的恐惧，作为父母该如何应对孩子对幼儿园的恐惧呢？

据调查，各年龄段的幼儿中会有10%左右的幼儿害怕开学，儿童心理专家对此给出了一个专业名词——“入园恐惧症”，也称“幼儿园恐惧症”。

那么面对这样困惑，作为父母应该怎么办呢？首先应该找出孩子不想去幼儿园或是有幼儿园恐惧感的原因，然后根据原因再来解决问题。

幼儿园恐惧感的原因主要表现在两个方面：

1.社交能力弱。现在的父母都开始对孩子早教，当孩子很小的时候就送到幼儿园，有的甚至才2岁，因此这些孩子语言表达能力还比较差，还没有学会与人相处的技巧，也没有主动找小朋友一起玩的意识，因此到了幼儿园孩子就会显得特别孤单，所以就不喜欢去幼儿园。

2.生活自理能力差。孩子平时在家里，不管吃饭、睡觉还是做游戏，他都是按自己的时间规律想吃就吃、想睡就睡，想玩就玩。孩子入园之后需要自己学会上厕所、吃饭、穿衣。这些基本生活能力都未具备的孩子在集体生活中肯定会感到不安。

关于宝宝对幼儿园的恐惧，只要父母找出了问题的原因，就可以对症下药，针对不同的原因进行不同的开导，逐渐消除孩子的恐惧症。

对这个问题的解决，有关专家给支了几招：

让孩子适时入园

现在很多父母总是早早把孩子送进幼儿园，说是这样孩子才有优势，但实际结果往往相反。因为影响婴幼儿综合能力最重要的因素是年龄，这种能力的差异是造成“幼儿园恐惧症”的原因之一。因此，父母让幼儿在合适的年龄上合适的班级是最理想的选择。

培养孩子各方面的能力

孩子在上幼儿园之前，父母应该有意识地培养孩子几种能力为孩子适应幼儿园作准备。父母主要培养孩子与小朋友沟通和交际的能力，锻炼孩子适应集体的能力，培养孩子的自理能力和动手能力，锻炼孩子胆量和适应能力，如带孩子到游乐园、电影院等比较热闹的场合。

指导孩子正确解决问题

孩子和小朋友之间的打闹是正常现象，一会儿差一会儿好是孩子的特性，因此父母要正确教导孩子，不要把问题严重化，而是要寻找解决问题的方法。同时，父母要教孩子远离“惹事生非”的同伴。

多与老师保持联系

父母要多和老师沟通和联系，以便比较及时、全面地了解孩子在集体生活中的情况，掌握孩子的情绪变化；也可以将孩子最近的表现以及情绪告诉老师，让老师更全面地了解孩子，更有效地解决问题。

孩子太黏人不能独立，怎么办？

现在很多父母反映，自己的孩子太黏人，走到哪儿都跟着，稍有分开就哭闹不停，甚至撒泼打滚，真是不知道该怎么办才好？

的确，在“6+1”的成长环境中，不仅仅是小女孩，就是小男孩性格都比较内向，喜欢黏妈妈，是妈妈甩不掉的小尾巴，离开妈妈就会眼泪汪汪一副小可怜的模样，让人心疼。

通过大量实验和研究，美国心理学家M.艾恩斯沃斯指出：宝宝的黏人行为可以分为三种类型：

回避型：约占20%，这类型的宝宝容易与陌生人相处，容易适应陌生环境，在与妈妈刚分离时并不难过。当他独自在陌生环境中呆一段时间后会感到焦虑，但是很容易从陌生人那里获得安慰。当分离后再见到母亲时，对妈妈采取回避态度。

安全型：约占70%，当最初和妈妈在一起时，这个类型的宝宝很愉快地玩，当陌生人进入时，他们有点警惕，但继续玩，无烦燥不安表现。当把他们留给陌生人时，他们停止了玩，并试图找到妈妈，有时甚至哭。当妈妈回来时，他们显得比以前同妈妈更亲热。当再次把他们留给陌生人时，宝宝很容易被安慰。

反抗型：约占10%，这个类型的宝宝显出很高的分离焦虑。同妈妈分离后，他们感到强烈的不安。当再次同妈妈团聚时，他们一方面试图主动接近妈妈，一方面又对来自妈妈的安慰进行反抗。

看完以上的孩子黏人的类型，父母首先要确认自己的孩子属于哪一类，然后根据孩子的类型，采取相应的方法或策略，这样才能达到事半功倍的效果！

父母要坚强起来

很多孩子缺乏独立行为其实源于家人过度的保护与宠爱。与其说孩子有“分离焦虑”，不如说是父母“不忍与孩子分离”。父母的过度保护使孩子的能力、胆量、独立意识不知不觉地消失了。

向孩子解释有事去忙，很快就会回来

虽然只是一岁大的孩子，但如果常和他说话，他会明白你的意思。你可以告诉孩子：“妈妈正要煮晚餐，你要在娃娃床里玩玩具。等煮好了，我会陪你玩！”孩子渐渐明白父母要做的事，而你也确实去做你所说的事，这样可以培养互相信任的感情。

以游戏方式进行渐进式分离

和孩子玩捉迷藏或藏猫猫的游戏，让他认识到即使父母不见了，总是会再出现的。

此外，提醒一点，父母不要因孩子黏你而处罚他。

其实，生活中的培养机会对于孩子来说更重要也更实效。做坚强的父母，多给孩子提供自我锻炼的机会，才能培养孩子健康的身心和健全的人格。

怎么才能让孩子变得勇敢

孩子胆小的类型多种多样，按其内容一般可分为三大类：

对身体损伤的惧怕，如怕死、怕出血等；

对自然事件的惧怕，如怕黑暗、怕火、怕动物等；

对社交的惧怕，如怕陌生人、怕上学、怕发言、怕到人多的地方等。

同时，孩子惧怕的对象常常随着时过境迁或年龄的增大，体力、智力的发展而逐渐改变或消失。不同年龄的儿童有不同的惧怕对象。

0~5个月：害怕巨大的声响和突然而来的声音，害怕身体失去支撑；

6~9个月：害怕陌生人，害怕生疏的环境；

1岁：害怕与亲人分离，害怕受伤、排便；

2~5岁：害怕黑暗、狗、孤独，害怕想象中的怪物、强盗，害怕医生；

6～12岁：害怕上学、受伤，害怕打雷闪电、火灾洪水等自然灾害，害怕社交、亲人去世；

13～18岁：害怕受伤、社交、死亡、与社会分离。

一位儿童心理学家说过："儿童产生惧怕心理的原因与成年人一样，不过成年人懂得如何去应付恐惧，而孩子们却还不知道。"

因此，父母应该细心观察，找出孩子产生畏惧而胆小的原因，帮助他消除畏惧与恐惧感，从而培养孩子的自信心和勇敢的品质。

分析了孩子胆小的原因，这里从以下几个方面对孩子的胆小行为进行纠正：

1.正确定位，不拔苗助长。遇到困难时，先根据自己孩子的特点初步判断一下，凡是孩子力所能及的，就鼓励他们去努力尝试。当孩子克服了困难的时候，要及时鼓励他，这样孩子从小就会具有不怕困难、战胜困难的勇气和毅力。

2.进行体育锻炼，培养胆识和勇气。要注重从身边的小事做起，经常给孩子讲一些关于勇敢的故事，让孩子多进行户外活动，如爬高、跳跃、蒙眼前进等。鼓励孩子参加体育活动，在活动中有意加入一些碰撞性活动，让孩子在活动中既学会保护自己，又能争取胜利。

3.教孩子保护自己，避免危险常识。在培养孩子勇敢精神的同时，要教会他学会判断是非对错和危险程度，学会避免危险，学会保护自己，而不产生恐惧心理。

4.承担责任，正确面对问题。父母对孩子的过度呵护、做错事时不当的指责，都可能导致孩子胆小。但归根到底由父母的举止言行决定，胆小怕事的父母必然养出胆小怕事的孩子。

孩子内向，沉默寡言怎么办

据调查，现在家庭孩子内向、沉默寡言的比例占到27%。面对这种情况，很多父母不知如何是好，甚至还带孩子去看医生。

事实上，一般孩子内向、寡言，父母只要运用一些科学方法，就可以把孩子调教成能说、敢谈、健谈的孩子。

至于如何调教孩子，有关专家给出了几个方法。

父母少说一些，让孩子多说一些

无论遗传生物因素，还是环境教育因素，它们对孩子智力发展的影响，都必须通过孩子自身的能动活动来实现。

孩子的表达能力需要训练，父母在必要的时候应该试着自己少说一点，多给孩子留些说话的机会。教育家蒙台梭利这样说："一个高明的父母首先要做到的就是管住自己的手和嘴。"看来，在刺激孩子语言发展这件事上，父母少说多引导，孩子就能多说一点，从而变得善谈。

父母多陪陪孩子，多带孩子游玩

孩子内向和家庭环境有很大关系，尤其是单亲家庭的孩子。因此父母不管多忙，至少要有一个人长期在家里陪伴和教育孩子，多鼓励孩子参加课外活动，带孩子出去游玩，让孩子走向大自然，感受祖国的秀美风光，培养孩子的兴趣，开阔孩子的视野，让孩子逐渐变得开朗、活泼起来。

给孩子创造多说的机会

孩子还小的时候，由于表达能力还很弱，可能会不善于表达，这时候父母就要想方设法为孩子创造说的机会。生活中，训练孩子表达的机会有很多，可以培养孩子玩说话、语言训练的游戏，通过游戏或活动让孩子变得善谈，同时还能巩固和促进亲子关系。

此外，父母每天下班回来，可以找段时间陪孩子玩玩，多和孩子沟通，多询问孩子每天的状况或动向，以此训练孩子的语言表达能力。

正确看待内向和外向

关于孩子内向和寡言，这里提醒父母一点：孩子的内向和外向是一种性格，我们不应该认为孩子有点内向就是有缺陷或有问题，我们应该根据性格特质把孩子教育得更好，更优秀。

如何应对孩子打破砂锅问到底

有项调查显示：在孩子的成长过程中，孩子最常说的话就是“为什么”。

“这个为什么会变成这样？”

“我们为什么要这么做？”

……

这是孩子成长过程中都会有的一个特征。孩子通过不断地问“为什么”，才能为了寻找答案而开动脑筋，经过这样不断地思考，孩子的思路就会逐渐扩展开来。

曾经有这样一个故事：

在很久以前，有一个国王和一个公主。国王只有这么一个公主，因此视她为掌上明珠。有一天，公主想要天上的月亮，国王为了达成公主的愿望，把所有的大臣都叫来，一起商量办法。大臣们都说月亮离地面太远了，而且又很大，摘下来是不可能的。

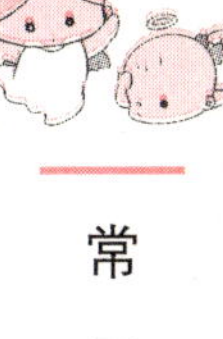

一个小丑听到这个消息后，表示能够完成公主的心愿。他来到公主面前问公主："公主殿下，月亮有多大，怎么才能摘到？"公主回答说："你这个笨蛋，月亮只有我的指甲那么大，只有我窗前树梢那么高，顺着树爬上去就可以够到了。"

于是国王就给公主做了一个只有指甲大的月亮，公主满意地笑了。

对成年人来说月亮就是月亮，但对公主来说，月亮只是一个梦想。只要能够实现梦想，即使只有指甲大小的月亮也是可以的。

这个故事说明：父母想要把孩子培养成感性认识丰富的人，首先要改变传统认识。不要总为孩子上什么培训班而苦恼，应该先听一听孩子提出的问题，然后经常问一下孩子"为什么？"以开拓他的思考空间，"为什么"的提问中隐藏着孩子的感性认识的灵光。

在回答孩子"为什么"的问题时，父母要注意下面几点：

1.如果对于孩子的提问自己也不清楚的时候，应该诚实地告诉孩子"我也不知道"，然后尽快给自己充电，再回答孩子。

2.尽量用孩子能够理解的语言去解释问题。语速要慢一些，必要的时候重复解说。

3.根据孩子的认知能力，尽量引导孩子自己去找寻答案。

以上说的是一些常规的方式，无论如何，父母都要让孩子感受到自己对他的提问的尊重，即使孩子的问题非常多，也绝不能表现出不耐烦。

因此，父母不要再为孩子总是问为什么而苦恼了，更不要对孩子的问题不做任何回应甚至打压孩子的这种行为。因为孩子正是通过问为什么来培养想象力和思考能力，他们的想象力通过不断地思考和提问，会变得越来越丰富。

宝宝多动不是大问题

有些父母反映，自家的孩子好动、坐不住，在学校里总是调皮捣蛋，注意力不集中……

这是很多父母都十分关注的话题。

其实，每个孩子因为天生气质的差异，有的从小就像小绵羊一样安静乖巧，有的则像小猴儿一样活泼好动，这是天性，和遗传有很大关系，因此是我们没法选择的。

此外，很多在父母眼中的“多动”，其实都是孩子在某个年龄段的正常表现，因此父母在“诊断”孩子的好动行为时，不能太敏感，不要先入为主随便下结论，要客观、冷静、公正地进行判断。

到底什么才算是多动儿？有怎样的行为才算是多动儿？

少儿多动症又称注意力缺陷多动症，或脑功能轻微失调综合征，是一种常见的儿童行为异常疾病，这类患儿的智力正常或基本正常，但学习、行为及情绪方面有缺陷，主要表现为注意力不集中，注意短暂，活动过多，情绪易冲动，学习成绩普遍较差，在家庭及学校都很难与人相处，日常生活中常常使父母和教师感到束手无策。

“多动症”是种中枢神经发展不全的毛病，因而影响身心的动荡不安，大脑发展无法成熟，进而造成学习上的困难。

平衡感不好，整个身体的活动便乱了，从而导致孩子坐无坐相，站无站相，身体扭曲，肌肉僵硬，气血不很通畅。这种孩子自然容易跌倒，容易撞墙，空间感掌握不良，颈部无力，承受不了头部重量，两肩和后颈僵化扭曲，关节萎缩，气血不通，能量冲不过前庭觉，上不了大脑，大脑便无从发展了。

因此，对于孩子的多动症，要从出生以后就赶快调整，可用传统的摇篮让孩子平躺，由左右呈180度上下左右摇动，让地心引力的信息和摇动的信息取得均衡，以恢复中枢神经健康。

等孩子稍大些以后，可让孩子在腾空的吊缆上，做左右、上下及360度摇晃及旋转。多鼓励孩子翻身、翻筋斗、爬行，可用双手或床单让孩子腾空摇晃、旋转。

两岁后可让孩子在跳床上跳动，或在草地上跳动。跳时双脚脚掌心着地，不要只用脚尖，用涌泉穴震动脊髓神经和中枢神经。多按摩全身关节、颈部及两肩肌肉和经络，避免僵硬，使气血畅通，平衡能力恢复正常，盲目的无意识多动便会明显改善。

此外，饮食也对少儿多动症有一定的影响。多动症儿童应避免使用含铅食器，少吃或不吃受铅污染的食物和含铅量高的食物，如贝类、大红虾、向日葵、莴苣、甘蓝等。

不要饮用酒精类饮料，因酒精生产过程中最易受铅污染，酒精进入体内还会促进消化道对铅的吸收。

饮食中铁的缺乏，会引起大脑酶功能的紊乱，影响多动症儿童的情绪，加重多动症症状。适当进食肉类和动物肝，增加铁和其他各营养素的摄入，会有助于减轻患儿的多动症状。

孩子注意力总是不集中，怎么办

孩子老是坐不住，注意力不集中，面对这种问题很多父母都很困惑。遇到这种情况，首先得排除“专注力不足多动症”的可能性。也就是说，首先得排除病理性的多动症导致的注意力不能集中。

事实上，注意力不集中，容易分心，是孩子的共性。很多孩子尤其是婴幼儿、学龄前宝宝注意力不能集中，都是这些年龄段孩子的正常表现，父母不必过分担心。

通常，如果孩子不属于器质性多动症导致的注意力不集中，只是行为上表现得特别活泼好动，那么我们可以通过以下的方法帮助这些孩子：

给孩子设定清楚而合理的时间段

年龄越小，控制注意力的时间越短，比如1～2岁左右的孩子的注意力最多不会超过3分钟。因此妈妈不要责怪孩子，建议从其他方面吸引他的注意力。因此，父母要根据自己孩子的生理发育来制定科学、合理的时间段。

找出让他注意力不集中的诱因

将孩子周围那些容易分神的因素找出来，然后帮助孩子把这些会让人分心的东西尽量排除在读书的环境之外。

设计阶梯式的进阶训练

教育孩子重在引导。父母要针对孩子的具体情况，给孩子进行讲故事训练，具体操作方法：

讲故事前，先与孩子面对着面手拉着手坐好，再开始有声有色地为孩子讲故事，并经常用眼神和体态、语言与孩子交流，还可以用提问形式让孩子参与讲故事。直到发现孩子的注意力实在无法坚持集中时，立即宣布“今日故事讲到这里，明日继续”。随着听故事时间的延长，注意力的提高，可以发展到让孩子收听电台里的故事。

做此训练时应注意以下几点：

1.刚开始训练时，可能孩子并不合作，这时切忌打骂是关键，否则他会对训练产生厌恶情绪，导致训练无法深入进行。

2.训练内容一定要围绕着“玩”字，切忌认字、写字或课堂式教育。

3.训练时间长短一定要根据孩子的年龄与特征决定，不要用成人的标准去衡量和要求孩子。

剖腹产孩子的问题

在人类身体的进化中，以生产方式最为不合理。人类的学习，不论是身体的行动或大脑的思考，关键都在神经组织，所以从产道自然生产，将影响人类未来脾性和人格的成长。

由于现代社会工作忙碌，精神焦虑劳累，很多妈妈会有严重的胎位不正问题，造成生产的困难，不得不用剖腹生产的方法。

母亲剖腹的地方，正好是神经丛集结之处，这里挨刀，对人体神经组织和经络是非常严重的破坏，影响母体的健康甚大，而且很容易造成孩子神经组织发展不全症，特别是对触觉神经和关节神经成长的障碍。

剖腹产的孩子由于触觉神经不良，于是在成长过程中，会显得胆小、怕生、爱哭、黏人、偏食、挑食、发育不良、容易紧张焦躁，并且也容易成为“黑眼眶族”。关节神经不良，孩子会有反应慢、动作慢、吃饭慢等毛病，并且害怕陌生的游戏，不敢尝试新的学习。或许这种孩子在大脑记忆性的思考学习上，会有比较优异的表现，看起来也比较安静、温柔、可爱，但人格发展仍会造成不少的麻烦。

剖腹产的孩子，皮肤少了经过母体产道的大力挤压，所以皮肤神经较为呆滞。这种保护体系未能完全发展，也造成剖腹产的孩子焦躁、紧张，并且有固执的倾向。

剖腹产的孩子，脑细胞常较忙碌，思辨能力自然较强些，所以一般在思考性问题方面显得较聪明。但大脑动得快，会释放出更多废能量，剖腹产的孩子神经又属内敛型，废能量难以释放，便会由后脑流向后颈部，造成头肩背僵硬疼痛，并透过中枢神经影响全身脏腑运作，孩子自然变得焦躁、爱哭，情绪变化较为剧烈。

有些较温和的孩子，天生就比较会压抑情绪，能够和父母沟通。表面上较乖巧，但感情仍受到压抑，所以会有强烈的不安感，对自己的想法便会保护过当，也就变成了所谓的固执的孩子。固执代表缺乏自信、害怕挑战，宁可藏在自己的想象空间里，因此才会固执己见而动弹不得。

因此，面对剖腹产孩子，父母要带孩子多洗刷或按摩皮肤神经，多流汗，多让孩子晒太阳，吹风，玩沙玩水，多让孩子宣泄情绪，都有助于孩子神经组织的健康。

此外，还可以用大笼球、吊缆、滑板及各种跳跃、钻洞等游戏，也可修正皮肤的磁场及关节神经的弹性，并改善孩子在潜意识上主动运作神经组织的能力。

动不动就生气的宝宝，怎么养

很多孩子在外面都比较乖，但回到家，面对父母就会显得不耐心，经常发脾气，动不动还会有暴力的现象。面对这种问题很多父母很困惑，其实这是很自然的现象，父母不要多虑。这是因为：孩子大多有触觉学习不足的毛病，碰到陌生人或陌生环境，常会过度压抑，所以显得特别乖。这时所有的“气”都会凝在脾脏中，因此回到熟悉的地方，面对亲近的人，一定要大量发泄，否则他们可能就要发疯了。

因此，父母不用难过，也不用头痛。理解孩子生气的原因，有计划地进行引导和沟通，或者找一些释放情绪的途径给孩子发泄，相信你的孩子很快就好了。但是，话说回来，不论是生气或压抑，都不会有好结果。因此对付孩子爱生气，父母最好的方法是让孩子气血畅顺，多运动，保持心情愉快，从而使情绪稳定。

1.饮食上要注意多吃一些好消化、少油腻，热量比较低的食物。

2.带孩子到户外多运动锻炼。由于生气是由胃肠不佳，脾脏不好所致。因此，父母多带孩子到空旷的地方喊叫，到公园里深呼吸，大量补足氧气；或者关在房间打枕头，痛痛快快哭一场。

3.带孩子到KTV去唱歌，大声地唱歌，带动脾胃肠的按摩，可健全脾胃肠的运作。不管唱得好不好，都要用心用力大声唱，牵动内部脏腑运作，把废气全丢出去。

孩子爱吵架，有暴力倾向怎么办

孩子经常为大小事情争吵，但不管问题有多严重，通常仍是吵过便忘了。这样天真烂漫的吵架，基本上对人性的成长是有帮助的。孩子通常不会记恨或记怨，眼看他们吵翻天，等一下又是如漆似胶地玩在一块了。因此，对于一般的情况，父母不必多虑。

但是，一定要注意的是会记恨、记怨，成天焦躁紧张，不断想和别人争吵，还搞不清楚冲突状况便会攻击别人的有暴力倾向的孩子。

因此，面对孩子这种会记恨、记怨，成天焦躁紧张，不断想和别人争吵的行为，父母一定要重视起来，寻找缓解孩子这种负面情绪的办法，从而还给孩子一个天真烂漫的心态。

针对孩子的这些负面情绪或心态，有关人士给了几条建议供父母借鉴。

1.父母要以身作则，给孩子进行正面教育。要知道孩子是父母的一面镜子，有什么样的父母就会有什么样的孩子。因此，孩子会记恨、记怨，大多来自于父母。

父母总喜欢记忆，急着教孩子保护自己。因此，孩子学了父母的记忆之后，大多就成了孩子的死知识，大多是僵硬的规则，孩子便缺乏真正的灵敏度，无法正确响应当下冲突，神经紧张只急着保护自己，所以会有暴力倾向，成天和别人争吵不休。

2.面对敏感的孩子，要耐心解释或劝慰。通常那些比较敏感的孩子，更容易渲染情绪，如果常受到压力，或被逼得太紧了，也会有“狗急跳墙”的回击现象。这种暴力常是全力以赴，若不小心可能会造成很大的伤害。

3.面对脑波高、容易亢奋的孩子，父母一定要适度引导，务必及时造成安抚孩子的情绪，从而减少孩子为小事爆发大冲突，并使出暴力的行为。同时，父母更要在食物上和生活上做大量调整。例如高热量及燥热的油炸食品少吃，多喝水，多流汗，保持足够的睡眠，减少过多的责备，降低孩子心理上的委屈感。

4.面对多动儿的吵架或暴力，父母要分析孩子这种行为主要是力量控制不好，常常在被指责时，眼睛茫然，充满委屈，甚至不知道发生了什么事。同时面对孩子的暴力行为有危险性时，一定要强力制止。

5.有计划地发泄孩子的暴力驱力。在成长的过程中，孩子难免承受父母的暴力，这些大小暴力的累积，便是孩子暴力行为的根源。

因此，父母给孩子最好的方法，就是释放孩子心理的暴力。这时候可以让孩子学印第安人喊叫，学狮子王怒吼，学金刚王嘶叫，打枕头，撞棉被，学恶魔的表情，对抗异形或恐龙。定期做这些游戏，可以调整及缓和孩子的暴力行为。

孩子学习不开窍，怎么办

很多父母都有这样的困惑：孩子刚上幼儿园，不懂得怎么学习，成绩很糟糕，父母很努力在引导，可是怎么也不开窍……

其实，这个情况的核心就是孩子学习的“悟性”问题。同样的内容、同样的老师，“悟性”好的孩子学起来事半功倍，“悟性”不好的孩子，学习不但吃力，而且也没什么效果。

那么，父母如何培养孩子学习的“悟性”呢？

事实上，学习是一个环环相扣的过程，从信息的接受、传递到理解、记忆、应用，每一个环节分别运用到理解力、记忆力、判断力、创造力、解决问题能力等基本的思维能力，其中任何一个环节的任何一个能力出了问题，都会让孩子的学习“悟性”大打折扣。

解决孩子的学习问题，父母可以根据孩子的具体情况，给孩子的学习能力、思维发展作相应解决方案，要站在孩子的角度，看他在日常的学习活动中有什么需求，遇到何种障碍或困难，有针对性地提供解决方案。

如，孩子数学不好，父母就可以重点帮孩子分析是符号能力弱、数的概念和运算方法没掌握，还是语义能力差？等找到原因之后，有步骤、有计划、有针对性地帮孩子重点训练。

还拿数学来说，虽然孩子可以非常好地进行加、减、乘、除的单独运算，但是当孩子学习到加减乘除集合在一起进行混合运算时，孩子就经常发懵。

这主要是因为，孩子虽然掌握了简单的数学能力，但是处理关系的能力相对较弱。处理关系的能力是数学学习中相对较高的能力要求。在简单运算中，孩子能凭借单纯的记忆解决数据的运算，而在复杂的算式中，如果关系能力较弱，就很难处理了。所以我们要训练孩子的关系能力，让他们理解两个以及两个以上的简单算式之间的关系，处理关系的能力提高了，再复杂的题目也能迎刃而解了。

关于孩子的学习悟性，对父母来说，逼迫孩子是没有用的，甚至还会使孩子变得厌学、逆反。因此，父母必须追根溯源，找到问题的根源，将更多的精力花在帮助孩子提高基本“思维能力”、“学习能力”上，帮助孩子掌握“学习方法”，这样才能让孩子以快乐自信的心态轻松学习。

学前班到底有没有必要呢？

父母都想让孩子赢在起跑线上，于是总是想方设法地让孩子多学一些东西，让孩子上学前班、上钢琴班、上珠心算班、上识字班、上学前英语班……结果孩子压得喘不过气来，父母还总觉得孩子学得不够多。

这是当代父母身上很常见的一种现象。

其实，让孩子学习本身并没有错，但是不应该让孩子过早地接受知识性的学习。对孩子来说，识字会在小学阶段按教学进度完成，因此不建议过早让孩子上识字班。数学也一样。知识类的学习都可以按正常的阶段来进行，没必要特别提前。当然，如果孩子在学习识字、数学的过程中很快乐，那么认识更多的字、学会简单的运算，这些都是好事。反之，就没有那么急迫和必要了。对于父母来说完全没有必要把知识性的教育作为很硬的任务让孩子一定要提早完成。

在学前阶段帮助孩子储备相应的能力是有必要的，但前提是在适当的时候进行适当的培养。比如12岁之前是孩子学习第二语言的“关键期”，在这个阶段学习外语，还有可能达到母语程度，而12岁之后基本没有这种可能性了。

同时，学龄前（1~7岁）是儿童基本思维能力的窗口期。正如3岁前是孩子获得语言能力的关键期，7岁前决定着在遗传因素确定的情况下，孩子的智力水平后天能发展到什么程度。

也就是说，父母必须要认识到：7岁是学龄期，7岁以前最重要的是为孩子打好扎实的身体和智力基础。给孩子奠定竞争优势，不在于在起跑线上比别人早学、多学多少知识，而在于一旦起跑后，孩子的持续学习能力和超越能力的培养。

因此，父母在选择给孩子学习的时候，切不可急功近利、随波逐流，还是应该牢牢抓住孩子的基本思维能力和学习能力，为他终生的可持续学习发展奠定基础，切莫错过培养孩子学习能力的“窗口期”。